✈ 기획·tvN 〈벌거벗은 세계사〉 제작진

자유롭게 누군가를 만나고 여행하는 것이 점차 어려워질 무렵, 집에서 안전하게 세계 여행을 즐길 수 있는 프로그램을 만들었습니다. 여행지에 숨겨진 세계사까지 배울 수 있다면 더 좋겠다는 마음을 담아 만든 것이 〈벌거벗은 세계사〉입니다.

✈ 글·이현희

교양, 다큐멘터리 프로그램을 만드는 방송 작가로 일하면서 어린이들에게 세상의 유익한 정보와 재미있는 이야기를 전하고 싶어 어린이책을 기획하고 글을 쓰고 있습니다. 쓴 책으로는 《바이러스를 이겨 낸 위대한 처음》《4차 산업 혁명》《모래 폭풍 속에서 찾은 꿈(공저)》들이 있어요.

✈ 그림·신동민

공주대학교 만화예술대학, 서울산업대학교 산업디자인학교와 같은 대학 대학원에서 공부했습니다. 서울국제만화전 카툰 부문 대상(1992), 현대미술대전 일러스트 부문 특선(1995), 서울국제만화페스티벌 캐릭터 부문 대상(1996) 들을 받았습니다. 지은 책으로는 《똥카페》 그린 책으로는 《EBS 초등 어맛! 사자성어 맛집》《우리는 고사성어 탐정단》〈최태성의 한국사 수호대〉 시리즈 들이 있습니다.

✈ 감수·김헌

서울대학교에서 불어교육과를 졸업하고, 같은 대학 대학원에서 철학, 서양 고전학을 공부한 뒤 프랑스 스트라스부르 대학교에서 서양 고전학 전공으로 박사 학위를 받았습니다. 지금은 서울대학교 인문학연구원 교수로 일하고 있습니다. 쓴 책으로는 《김헌의 그리스 로마 신화》《천년의 수업》《무엇이 좋은 삶인가》《낮은 인문학》 들이 있으며, 감수한 책으로는 〈만화로 읽는 초등 인문학, 그리스 로마 신화〉 시리즈, 기획한 책으로는 〈신통한 책방 필로뮈토〉 시리즈가 있습니다. tvN 〈벌거벗은 세계사〉, tvN STORY 〈책 읽어 주는 나의 서재〉 들에 출연하며 인문학적 지식을 쉽고 재밌게 전달하기 위해 애쓰고 있습니다.

✈ 감수·조관희

연세대학교 중어중문학과를 졸업하고, 같은 대학 대학원에서 석사와 문학 박사 학위를 받았습니다. 지금은 상명대학교에서 학생들을 가르치고 있으며 한국중국소설학회 회장을 역임했습니다. 쓴 책으로는 《전쟁으로 읽는 중국사》《조관희 교수의 중국 현대사》《조관희 교수의 중국사》《아! 베이징》《소설로 읽는 중국사 1, 2》 들이 있으며, 번역한 책으로는 《아큐정전》《루쉰》 들이 있습니다. tvN 〈벌거벗은 세계사〉, tvN STORY 〈책 읽어 주는 나의 서재〉 들에 출연하며 중국을 여행하는 듯한 생생한 역사 강의로 더 많은 이들과 만나고자 합니다.

초등학생이 꼭 알아야 할 필수 세계사

벌거벗은 세계사

❶ 알렉산드로스 대왕과 진시황제의 통일 제국

기획 tvN 〈벌거벗은 세계사〉 제작진
글 이현희   그림 신동민   감수 김헌·조관희

아울북

기획의 말

몇 년 전까지만 해도 사람들은 원할 때면 언제든지 세계 어딘가로 여행을 떠날 수 있었어요. 하지만 어느 날 갑자기 우리 삶에 들이닥친 코로나19로 인해 예전처럼 자유롭게 누군가를 만나고 여행하는 것이 점차 어려워졌어요.

그때 만들게 된 프로그램이 〈벌거벗은 세계사〉예요. '어떻게 하면 집에서 안전하게 세계 여행을 즐길 수 있을까?' 하는 고민에서 프로그램이 탄생하게 되었지요. 그리고 나아가서 여행지에 숨겨진 세계사까지 배울 수 있다면 더 좋겠다는 마음을 담았어요.

〈벌거벗은 세계사〉는 히스토리 에어라인을 타고 세계 곳곳을 온택트로 여행하며 우리가 몰랐던 세계의 역사를 다양한 관점으로 파헤쳐요. 지난 과거를 이렇게 파헤쳐야 하는 이유가 무엇일까요? 역사는 단순히 지나간 기록이 아니라 아직도 우리 곁에 머물러 있기 때문이에요. 세계가 어떻게 시작되었고, 다양한 문화적, 정치적 전통은 어떻게 형성되었으며 또 어떻게 상호작용하였는가를 알면 세상을 폭넓게 바라볼 수 있어요. 역사는 우리가 사는 세상을 제대로 이해하고 더 나은 방향으로 나아가게 하는 힘이 되어 주지요.

세계사를 알면 한국사 또한 더 재미있어져요. 우리나라의 역사도 세계사의 거대한 흐름과 맞물려 있기 때문이에요. 우리가 굴욕적으로 알고 있는 강화도 조약, 을미사변을 우리 역사 안에서만 보면 사건의 실상을 다 알 수 없어요. 당시 청과 일본, 러시아와의 관계, 각국의 경제 상황까지 함께 들여다보아야 사건의 원인과 결과를 자세하게 알 수 있어요. 이렇게 했을 때 과거의 일을 반면교사 삼아 같은 실수를 반복하지 않을 수 있어요.

이 책은 프로그램에서 방영되었던 방대한 역사적 사건들 중 초등학생이 꼭 알아야 할 필수적인 이야기를 엄선했어요. 이 책을 통해 어린이 독자 여러분들은 온택트 세계 여행을 하며 한 꺼풀 더 벗겨 낸 세계사의 진짜 모습을 볼 수 있을 거예요. 세계사를 처음 접하는 어린이 독자 여러분에게 이 책이 좋은 길잡이가 되길 바랍니다.

 제작진

 # 등장인물

오신화

세계대학교 서양 고전학과 교수

- 십수 년 동안 그리스 로마 신화를 강의한 서양 고전학 전문가
- 부드러운 미소와 꿀 보이스가 매력 포인트

나황제

세계대학교 중국학과 교수

- 연구를 위해 수차례 중국에 다녀온 중국 여행의 달인
- 무술 고수처럼 다부진 체격과 카리스마의 소유자

공차연

얌전하고 새침해 보이지만 운동장에 나가면 누구도 따라올 수 없는 슛돌이 공격수. 반전 매력 폭발!

강하군

세계사를 배경으로 한 게임에 푹 빠진 겜돌이. 엉뚱한 상상력으로 퀴즈 정답을 맞히는 은근 최상위권!

왕봉구

모든 걸 음식과 연결해 생각하는 먹방 유튜버. 세계 최고 요리사, '왕 셰프'를 꿈꾸지만 지금은 이름 때문에 '왕방구'가 별명!

니코스

히스도리 투어의 첫 여행 메이트. 원래 그리스인이지만, 외교관인 아버지를 따라 중국에서 살다가 한국에 온 역사 덕후!

차례

등장인물 소개 • 6
프롤로그 • 10

1부 알렉산드로스 대왕과 헬레니즘 시대

- **1장** 마케도니아 왕자의 그리스 정복 • 20
- **2장** 알렉산드로스 대왕의 동방 원정 • 34
- **3장** 동서양의 만남, 헬레니즘 문화 • 50

2부 중국을 최초로 통일한 진시황제

- **1장** 천하를 통일한 영웅의 탄생 • 70
- **2장** 중국 천하통일의 비법 • 84
- **3장** 진나라의 혼돈과 멸망 • 100

에필로그 • 116

tvN
〈벌거벗은 세계사〉
방송 시청하기

 6화    9화

 역사 정보

❶ 시대 배경 살펴보기 • **120**

❷ 인물 다르게 보기 • **122**

❸ 또 다른 역사 인물들 • **124**

❹ 오늘날의 역사 • **126**

• 주제 마인드맵 • **128**

✈ 벌거벗은 세계사 퀴즈

• 그리스 편 • **130**

• 중국 편 • **132**

• 정답 • **134**

사진 출처 • **135**

"**여러분**, 안녕하세요! 히스토리 에어라인에 탑승한 걸 환영합니다."

히스토리 에어라인에 옷을 단정하게 차려입은 남자가 쑥 들어왔어요. 모두 멀뚱멀뚱 쳐다보기만 할 때, 왕봉구가 남자 쪽으로 다가가 유튜브 방송을 계속했어요.

"여러분, 히스토리 에어라인에 들어온 이 분은 누굴까요? 자, 소개 부탁드립니다."

왕봉구의 갑작스러운 인터뷰에 남자는 당황했어요. 하지만 곧 인자한 미소를 지으며 이렇게 말했어요.

"저는 세계대학교 서양 고전학과 오신화 교수입니다. 여러분과 온택트 세계 여행을 하며 재밌는 **역사 이야기**를 들려줄 첫 안내자랍니다."

그 순간 축구 연습을 하고 있던 공차연은 **깜짝** 놀랐어요.

"코치님이 아니라 교, 교수님이요? 여기 축구 동아리 아니에요?"

"너도 나처럼 엄마한테 속은 거냐? 큭큭."

게임기에서 처음으로 눈을 뗀 강하군이 공차연을 보며 놀렸어요. 그때 왕봉구가 끼어들며 유튜브 방송을 했어요.

"이 친구는 강하군. 방구석에서 종일 게임만 한다고 엄마가 몰래 신청하는 바람에 억지로 왔답니다."

"야! 넌 **세계 음식**을 다 알아 보겠다고 신청했잖아. 먹는 거에 그렇게 욕심부리다가는 네 이름처럼 왕방구쟁이가 될걸."

"야, 내 이름은 왕방구 아니고 왕봉구라니까!"

왕봉구와 강하군이 한바탕 수선을 피우는데도 오신화 교수님은 여전히 인자하게 웃으며 말했지요.

"허허. 어떻게 신청했든 다 괜찮아요. 우리는 히스토리 에어라인을 타고 세계 여러 나라의 역사적인 장소를 둘러볼 거예요."

"어, 우리 진짜 세계 여행 가는 거예요?"

강하군이 끼어들어 물었어요.

"히스토리 에어라인은 신기한 장치들이 있어요. 눈앞에 생생하게 현장을 펼쳐 줘서 세계 여행을 시켜 주는 장치이지요."

여러분은 직접 가지 않아도 마치 역사 현장에 있는 것 같을 거예요."

"우아, 정말이에요? 이런 비행기에 타다니, 영광이에요!"

"그렇게 생각한다니 기쁘군요. 우리는 온택트 여행을 하면서 재밌는 역사를 하나씩 벌거벗겨 볼 거랍니다."

"아하! 이 여행은 '벌거벗은 세계사 여행'이 콘셉트네요."

금발 머리의 소년이 한국어로 능숙하게 말하자 다들 깜짝 놀랐어요. 소년은 자신을 신기하게 바라보는 친구들에게 **자기소개**를 했어요.

"난 니코스라고 해. 난 그리스에서 태어났어. 외교관인 아빠를 따라 작년에 서울에 왔지. 난 진짜 역사를 좋아하는 역사 덕후야. 마침 아빠가 세계사 공부와 여행을 한 번에 할 수 있는 기회가 있다길래 얼른 신청했지."

니코스와 왕봉구, 강하군, 공차연은 서로 인사를 나눴어요.

"자, 그럼 우리의 첫 번째 세계사 여행 주제를 소개할게요. 주제는 바로 **통일 제국**의 탄생이랍니다. 통일 제국은 세계 곳곳에 세워졌던 고대 국가들이 서로 싸우는 과정에서 강한 국가가 약한 국가를 정복하고 합치면서 등장했어요. 이건 동서양 모두 마찬가지예요. 그중에서도 특히 여러 문화가 서로 영향을 주고받으며 세계화 시대를 연 대제국이 있었어요.

우리는 그 나라로 먼저 가 볼 거랍니다."

"우아! 그럼 우리의 첫 여행지는 설마 **그리스**예요? 그리스 왕 중에 대제국을 세운 영웅이 있거든요."

"허허. 니코스는 진짜 역사 덕후군요. 맞습니다. 우리의 첫 여행지는 그리스예요."

"그리스는 서양 역사의 뿌리! 교수님, 첫 여행지로 딱이에요!"

"난 그리스 하면 아삭한 올리브만 떠오르는데, 너 좀 똑똑한걸."

왕봉구가 공차연을 흘깃 바라보며 얼굴을 붉혔어요.

"어? 벌써 이륙할 시간이 됐군요. 통일 제국의 탄생 역사를 벌거벗기러 출발해 볼까요?"

"오신화 교수님! 잠, 잠시만요! 저도 같이 가요."

그때 누군가 헐레벌떡 히스토리 에어라인에 올라탔어요.

"어? 당신은?"

"저 나황제 교수예요. 저도 히스토리 에어라인 **탑승권**이 있어요! 통일 제국의 탄생 역사 여행에 제가 빠질 수 없지요."

나황제 교수님이 좌석에 앉자 오신화 교수님이 조종 장치의 출발 버튼과 홀로그램 장치의 재생 버튼을 눌렀어요. 그러자 기내 방송이 나왔어요.

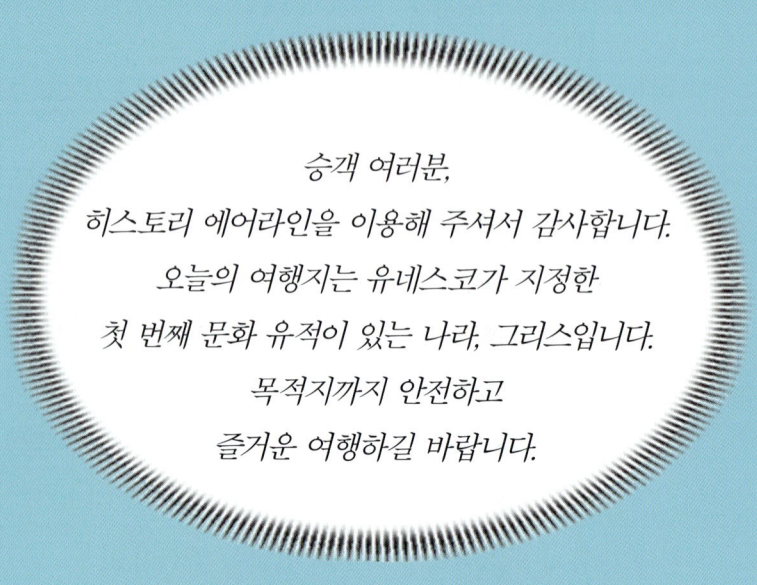

HISTORY AIRLINE

1부
알렉산드로스 대왕과 헬레니즘 시대

FROM S.KOREA　TO GREECE

Boarding Pass

① 마케도니아 왕자의 그리스 정복
② 알렉산드로스 대왕의 동방 원정
③ 동서양의 만남, 헬레니즘 문화

그리스

국가명	그리스
수도	아테네
민족	그리스계(94%), 알바니아계(4.3%), 가리아계(0.4%), 기타(1.3%)
먹을거리	올리브와 포도 등의 과일, 빵, 케이크
종교	그리스 정교(98%), 이슬람교(1.3%), 기타(0.3%)
언어	그리스어

기원전

- 700년 고조선 등장
- 450년 부여 건국
- 431년 아테네-스파르타, 펠로폰네소스 전쟁
- 356년 알렉산드로스 대왕 탄생
- 337년 마케도니아의 그리스 정복
- 336년 알렉산드로스 대왕 즉위

알렉산드로스 대왕은 자신을 신의 아들이라 믿었던 위대한 정복자예요. 스무 살에 마케도니아 왕이 되어 유럽, 아프리카, 아시아에 이르는 제국을 건설했지요. 이 과정에서 동양과 서양의 문화가 융합되면서 헬레니즘 문화가 생겨났어요.
지금부터 알렉산드로스 대왕이 어떻게 통일 제국을 세우고, 헬레니즘 문화를 만들었는지 알아볼까요?

대한민국

알렉산드로스 대왕의 동방 원정 시작	알렉산드로스 대왕의 페르시아 정복	알렉산드로스 대왕 죽음		삼한 시대 시작	위만, 고조선 망명		고조선 멸망
334년	330년	323년		200년	195년		108년

마케도니아 왕자의 그리스 정복

여러분, 드디어 서양 문명의 발상지, 그리스에 도착했어요. 우리가 온 곳은 그리스에서도 제일 북쪽에 위치한 마케도니아주예요. 그리스에서 두 번째로 큰 도시이자, 고대 로마 시대에 가장 번성했던 곳이지요.

마케도니아주는 알렉산드로스 대왕이 태어난 곳으로 유명해요. 알렉산드로스 대왕은 왕이 되는 스무 살까지 쭉 이곳에서 살았고, 왕이 된 후 아시아, 아프리카로 정복 전쟁에 나섰지요.

알렉산드로스 대왕은 프랑스의 영웅 나폴레옹과 태양왕 루이 14세, 카르타고의 뛰어난 전략가 한니발 장군이 닮고 싶은 롤 모델로 꼽은 위인이에요. 이들은 왜 알렉산드로스 대왕을

↓ 알렉산드로스 대왕이 세운 제국

존경했을까요? 알렉산드로스 대왕의 탄생과 세계 정복을 위한 모험의 여정을 따라가다 보면 여러분도 그 답을 알 수 있을 거예요.

마케도니아 왕자의 신비로운 탄생

기원전 4세기 무렵, 고대 그리스는 '폴리스'라는 작은 도시 국가들로 이루어져 있었어요. 알렉산드로스 대왕이 태어난 마케도니아는 그리스 북쪽에 있는 국가였는데, 정치와 문화가 발달하지 않아서 그리스인들로부터 야만인 취급을 받았어요.

마케도니아가 힘을 기르기 시작한 건, 필리포스 2세 때부터예요. 알렉산드로스 대왕의 아버지죠. 필리포스 2세는 왕위에 오르자마자 기병대를 조직하고 전술을 갈고닦아 군사력을 키웠어요. 그리고 마침내 그리스 본토를 공격했어요.

그리스의 폴리스들은 아테네와 테베를 중심으로 동맹군을 결성하고 마케도니아에 대항했어요. 양쪽의 군대는 그리스 중부에 있는 카이로네이아에서 치열하게 맞붙었어요. 카이로네이아 전투에는 열여덟 살이었던 마케도니아의 왕자, 알렉산드로스도 참여했어요.

잠깐! 알렉산드로스 대왕이 태어난 이야기를 해 볼까요?

필리포스 2세는 그리스 북서쪽에 위치한 폴리스인 에피루스의 공주, 올림피아스를 아내로 맞았어요. 두 사람의 결혼은 큰 화제였어요. 필리포스 2세는 그리스 신화 속 영웅 헤라클레스의 자손이고, 올림피아스는 트로이 전쟁의 영웅 아킬레우스의 자손이었거든요.

어느 날 올림피아스는 이상한 꿈을 꾸었어요. 갑자기 하늘에서 번개가 치더니 올림피아스의 배를 때렸어요. 그리고 그 번개에서 나온 불길이 온 세상을 불태웠어요.

꿈에서 깬 올림피아스는 자신이 범상치 않은 인물을 낳을 거라고 확신했어요. 번개는 제우스를 상징하는데 불이 세상으로 크게 번져 나갔으니, 세상을

정복할 아들이 태어날 거라고요. 올림피아스는 열 달 후 정말 왕자를 낳았고, 그 왕자에게 이런 말을 자주 해 주었어요.

"아들아, 너는 제우스 신이 내려 주신 아이다. 너는 왕이 되어서 큰일을 하게 될 거야."

이 말을 귀에 딱지가 앉을 정도로 들으며 자란 왕자는 훗날 세계 정복에 나서는 왕이 돼요. 바로 알렉산드로스 대왕이랍니다.

명마 부케팔로스의 주인이 된 왕자

알렉산드로스 대왕은 어렸을 때부터 총명하고 용맹했어요. 알렉산드로스가 열두 살이던 어느 날, 말 장수가 필리포스 2세를 찾아왔어요. 매우 뛰어난 말이지만 길들여지지 않아서 사나웠던 부케팔로스를 팔러 온 거였지요. 말 장수는 필리포스 2세가 기병대를 강화하는 걸 알고, 그의 자존심을 건드렸어요.

부케팔로스
알렉산드로스 대왕의 말 이름으로, 그리스어로 '황소 머리'라는 뜻이다. 황소처럼 크고 이마에 흰색 별 모양이 있었다고 한다.

"마케도니아에서 부케팔로스를 다룰 수 있는 사람이 과연 있을까요?"

필리포스 2세는 기병대 병사들에게 부케팔로스를 다 보라고 명령했어요. 하지만 부케팔로스를 탈 수 있는 병사는 아무도 없었어요. 필리포스 2세가 말 장수에게 부케팔로스를 도로 가져가라고 할 때였어요.

"아버지, 제가 길들이겠습니다."

어린 알렉산드로스가 당돌하게 나섰어요.

"좋다. 저 말을 탈 수 있다면 네게 사 주마. 그런데 만약 실패하면 어떻게 하겠느냐?"

"제우스 신에게 맹세컨대 말 값을 제가 다 내겠습니다."

말 값은 13달란트로 당시 군사 1,000명의 연봉에 맞먹는 아주 큰돈이었어요.

주변에서 비웃는 소리가 들렸지만 알렉산드로스는 아랑곳하지 않았어요. 알렉산드로스는 말에게 다가가 말의 머리를 돌리고는 부드럽게 목을 쓰다듬다가 재빠르게 등에 올라탔어요. 알렉산드로스가 말을 타고 유유히 마당을 한 바퀴 돌아 제자리로 돌아오자

내 그림자가 무서워요.

부케팔로스, 태양을 봐!

← 부케팔로스를 길들이는 알렉산드로스

사람들은 깜짝 놀라며 큰 환호를 보냈어요. 알렉산드로스는 짧은 시간 동안 어떻게 말을 길들인 걸까요?

　알렉산드로스는 말이 자신의 그림자를 보고 겁을 먹었다는 사실을 알아차렸어요. 그래서 말이 그림자를 보지 못하도록 태양 쪽으로 머리를 돌려세우고 등에 올라탄 거예요.

　아들을 대견하게 여긴 필리포스 2세는 이렇게 말했어요.

　"장하다, 아들아. 마케도니아는 너에겐 너무나 작구나. 부디 네게 맞는 왕국을 찾아라."

　필리포스 2세는 알렉산드로스를 후계자로 키우기 위해 위대한 스승을 찾았어요. 바로 아리스토텔레스예요.

　아리스토텔레스는 서양 학문의 토대를 세운 그리스의 철학자로, 당시에도 대단히 유명했고 영향력이 컸어요. 필리포스 2세는 아리스토텔레스에게 아들을 가르쳐 달라고 편지를 보냈

← 아리스토텔레스

고 왕실 학교까지 세웠어요. 아리스토텔레스는 필리포스 2세의 부탁을 받아들여 알렉산드로스의 스승이 되었지요.

아리스토텔레스는 왕실 학교에서 알렉산드로스한테 그리스의 문학, 윤리학, 정치학, 수사학, 과학, 의학 등을 가르쳤어요. 알렉산드로스는 3년 동안 아리스토텔레스에게 배우면서 그리스 문화의 영향을 많이 받게 되었지요.

알렉산드로스는 특히 그리스 시인 호메로스에게 흥미를 느꼈어요. 호메로스가 트로이 전쟁을 주제로 쓴 서사시 〈일리아스〉를 매일 읽을 만큼 좋아했지요. 알렉산드로스는 〈일리아스〉를 최고의 전술 교과서로 여기며 싸움의 기술을 익혔고, 이 책의 주인공 아킬레우스처럼 전쟁 영웅이 되고 싶었어요. 알렉산드로스의 꿈을 안 아리스토텔레스는 〈일리아스〉를 손수 옮겨 적은 책을 선물했고, 알렉산드로스는 그 책을 항상 품에 갖고 다녔다고 해요.

알렉산드로스는 아리스토텔레스를 굉장히 존경했어요. "나의 아버지 필리포스 2세는 내게 생명을 주었지만, 나의 스승 아리스토텔레스는 내게 인생을 아름답게 사는 방법을 가르쳐 주었다."라고 말했지요. 아리스토텔레스의 가르침은 알렉산드로스가 당대 최고의 전술가이자 대제국을 건설한 영웅이 되는 데 밑거름이 되었어요.

왕위에 오른 알렉산드로스

알렉산드로스가 열여섯 살이던 무렵, 필리포스 2세가 심각한 표정으로 아들을 불렀어요.

"아들아. 내가 그리스를 정복할 동안 네가 이 나라를 맡아라."

필리포스 2세는 알렉산드로스에게 자신을 대신하여 마케도니아를 다스리라는 명령을 내렸어요. 그러고는 그리스 본토를 정복하러 떠났지요. 필리포스 2세는 북쪽의 일리리아, 동쪽의 트라키아, 남쪽의 테살리아 지방을 차례로 공격했어요. 벌이는 전투마다 이겼다는 승전보가 들려왔지요. 이 소식을 전해 들은 알렉산드로스의 마음은 어땠을까요?

알렉산드로스는 아버지의 승리를 마냥 기뻐하지 않았어요. '아버지는 내가 왕이 되어 정복할 땅을 하나도 남겨 놓지 않을 모양이군.' 알렉산드로스는 기회가 있을 때마다 아버지와 함께 전쟁터로 나가 전투 경험을 쌓으며 세계 정복의 꿈을 키워 나갔지요.

마침내 필리포스 2세는 코린토스를 정복하고 그리스를 통일했어요. 그리고 여세를 몰아 페르시아 원정을 계획했지요. 그러나 출발을 코앞에 두고 필리포스 2세는 자신의 경호원이었던 부하에게 암살을 당하고 말았어요.

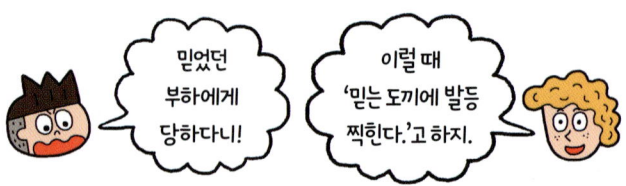

그 소식을 들은 알렉산드로스는 이렇게 다짐했어요.

"제가 아버지의 못다 이룬 꿈을 꼭 이루겠습니다."

드디어 스무 살의 알렉산드로스가 왕이 되었어요. 그러자 그리스 폴리스들은 이때를 마케도니아에서 벗어날 기회라고 여겼어요.

"필리포스 왕이 죽었으니, 마케도니아를 몰아냅시다."

"스무 살 애송이 왕쯤은 쉽게 이길 수 있어요."

아테네와 테베는 젊은 왕을 얕잡아 보고 반란을 일으켰어요. 그러나 알렉산드로스 대왕은 만만한 상대가 아니었어요. 약 3만 명의 군대를 이끌고 테베로 쳐들어가 순식간에 도시를 박살 냈어요. 자신에게 저항하면 큰일이 난다고 경고한 거예요. 겁을 먹은 아테네는 알렉산드로스 대왕에게 무릎을 꿇고 충성을 맹세했지요.

알렉산드로스 대왕은 코린토스로 그리스 폴리스들의 지도자를 불러 모았어요. 그 자리에서 스스로 그리스 총사령관에 오르고, 페르시아 원정을 결정했어요. 필리포스 2세 때 맺었던 '코린토스 동맹'을 다시 맺었지요.

알렉산드로스 대왕은 왜 페르시아 원정을 결심했을까요? 당시 페르시아는

코린토스 동맹
필리포스 2세의 주도로 그리스 폴리스들이 맺은 일종의 군사 동맹이다. 알렉산드로스 대왕이 맺은 동맹은 '2차 코린토스 동맹'으로 부른다.

서아시아를 통일하고, 그리스 정복까지 노리고 있었어요. 아리스토텔레스에게 가르침을 받은 알렉산드로스는 그리스 문화를 깊이 사랑하고 있있어요. 페르시아가 그리스를 넘보는 걸 두고 볼 수 없었지요.

"그리스의 평화를 위해 내가 직접 페르시아를 정벌하겠다."

이때부터 알렉산드로스 대왕의 신화가 시삭된답니다. 그 이

야기는 고대 페르시아가 있던 곳으로 가서 하기로 하고, 코린토스에서 있었던 유명한 일화를 하나 소개할게요.

  알렉산드로스 대왕이 코린토스에 머물 당시 많은 정치가와 철학자들이 인사를 하러 찾아왔어요. 그런데 정작 알렉산드로스 대왕이 만나고 싶었던 사람은 보이지 않았지요. 그는 바로 디오게네스였어요. 물과 햇볕만 있어도 행복하다고 한 그리스 철학자였지요. 알렉산드로스 대왕은 디오게네스를 직접 찾아 나섰고, 교외의 한적한 곳에서 디오게네스를 발견했지요. 여기서 퀴즈!

Q 알렉산드로스 대왕은 디오게네스에게 한 가지 소원을 들어주겠다고 했어요. 디오게네스는 어떤 소원을 말했을까요?

부케팔로스를 달라고 했을 것 같아요. 말 값이 엄청 비싸잖아요.

 먹는 게 최고의 즐거움이잖아요. 먹을 것? 아차, 철학자이니깐 마음의 양식인 책!

 왕봉구, 너는 책도 먹는 걸로 보냐? 교수님, 제 생각에 디오게네스는 철학자이니까 세속적인 것보다 명예를 달라고 했을 것 같아요.

 쉬고 있는데 누가 방해하면 귀찮잖아요. 저라면 "그냥 비켜." 이랬을 것 같은데요.

정답! "당신이 내 햇볕을 가리고 있으니 옆으로 좀 비켜 주시오." 알렉산드로스 대왕은 세속적인 욕심 없이 당당한 디오게네스의 모습에 감탄했어요. 그를 본받아 전쟁으로 차지한 전리품들을 부하들과 가난한 시민들한테 아낌없이 나누어 주었지요.

 **2장** 알렉산드로스 대왕의
동방 원정

와! 이건 성 소피아 대성당이야.
가톨릭 성당이었는데 이슬람 사원이
됐다가 지금은 박물관이 됐지.

튀르키예 요리는 중국,
프랑스 요리와 함께
세계 3대 요리로 손꼽히지.

우리의 두 번째 여행지는 고대 페르시아가 있던 곳, 바로 튀르키예입니다. 튀르키예는 '동서양 문명의 교차로'로 불리기도 해요. 유럽과 아시아에 걸쳐 있어서 오래 전부터 동양과 서양의 문화를 연결하는 다리 역할을 해 왔지요. 그런 까닭에 음식과 볼거리가 풍부해요. 세계인이 즐기는 케밥, 양고기 꼬치구이, 필래프 등이 튀르키예의 음식이고, 이스탄불에는 도시 전체가 세계 유네스코 문화유산으로 지정될 만큼 역사적인 유적이 가득하지요.

↑ 알렉산드로스 대왕의 정복 과정

고대 페르시아는 오늘날의 튀르키예를 비롯해 남쪽으로는 이집트, 동쪽으로는 파키스탄까지 차지하고 있었어요. 기원전 334년 봄, 이 거대한 제국을 향해 알렉산드로스 대왕은 5만여 명의 마케도니아군과 그리스 연합군을 이끌고 트로이 해변으로 향했답니다.

페르시아 원정의 시작

알렉산드로스 대왕은 해변에 뱃머리가 닿자 땅에 창을 던지고 가장 먼저 육지에 발을 내딛었어요.
"이제 무력으로 이 땅을 통합할 것이다."
알렉산드로스 대왕은 자신만만했어요. 곧장 내달려 페르시아 군대가 있는 그라니코스강까지 갔고, 적진으로 돌진해 적장의 목을 단숨에 베어 버렸어요. 사기가 떨어진 페르시아군은 도망쳤고 알렉산드로스 대왕은 첫 승리를 거머쥐었어요.
첫 전투에서 페르시아군은 보병 2만 명과 기병 2,500명이 목숨을 잃었어요. 반면, 그리스 연합군 전사자는 115명이었어요. 이 전투가 끝난 후에 페르시아에 복종하던 소아시아의 많은 도시들은 알렉산드로스 대왕에게 겁을 먹고 스스로 항복했지요.

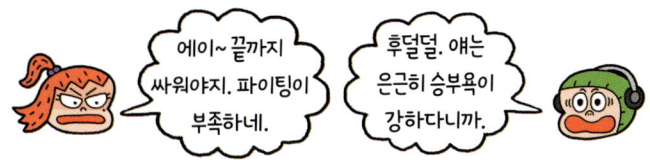

 이 승리로 알렉산드로스 대왕의 위상은 점점 높아졌어요. 다리우스 3세 입장에서는 매우 못마땅한 일이었지요.

 "감히 대제국 페르시아를 넘보다니, 가만두지 않겠어."

 이듬해 봄, 다리우스 3세는 직접 군대를 이끌고 소아시아의 이소스 평원으로 향했어요. 두 번째 전투가 시작됐지요. 당시 페르시아군의 병력은 최소 10만 명으로 그리스 연합군보다 두 배 이상 많았어요. 페르시아의 승리가 확실해 보였지요.

 이때 황금빛 갑옷을 입은 알렉산드로스 대왕은 병사들을 모

부케팔로스를 타고 이소스 전투를 치르는 알렉산드로스 대왕 ↑

아 놓고 힘차게 연설을 하기 시작했어요.

"페르시아군은 쥐꼬리만 한 돈 때문에 싸우지만 우리는 그리스인들의 해방을 위해 싸운다. 그러니 나를 믿고 따르라."

이 말을 신호로 마케도니아의 중장 보병*들은 6미터 길이의 긴 창을 들고 페르시아군의 정면을 공격했어요. 이때 알렉산드로스 대왕은 직접 기병대를 이끌고

중장 보병
온몸을 보호하는 보호구를 갖추고 큰 방패와 적을 공격하기 위한 긴 창을 든 전투 병사

페르시아군의 측면을 급습했어요. 동시에 양쪽에서 공격을 받은 페르시아군은 당황하며 흩어졌고, 다리우스 3세는 황급히 도망갔어요. 이번에도 알렉산드로스 대왕의 승리였어요.

알렉산드로스 대왕은 페르시아 원정 중에 프리기아의 수도 고르디온을 지나게 되었어요. 그곳에는 사바지오스(프리기아에서는 제우스에 해당하는 신) 신전이 있었는데, 신전 기둥에 전차가 아주 복잡한 매듭으로 묶여 있었어요.

전설에 따르면 프리기아의 왕이었던 고르디아스가 자신의 전차를 묶어 놓았는데, 이 매듭을 푸는 자가 세계를 지배한다고 했지요. 그동안 수많은 사람들이 도전했지만 아무도 성공하지 못했어요. 그런데 알렉산드로스 대왕이 이 고르디아스의 매듭을 단숨에 풀었다고 해요. 여기서 퀴즈!

Q. 알렉산드로스 대왕은 복잡한 고르디아스의 매듭을 어떻게 단숨에 풀었을까요?

아리스토텔레스가 복잡한 매듭 풀기 방법도 가르쳐 준 거 아닐까요?

난 야식으로 시킨 비닐봉지 매듭을 푸는 것도 어려워서 가위로 자르는데 복잡한 매듭을 무슨 수로 풀었대요?

넌 야식 좀 그만 먹어라. 쯤.

너나 게임 적당히 해.

한국에서 가위는 만능이시. 고기 사를 때도, 김치 사를 때도 최고!

가위보단 칼이지. 게임 속에서는 '아더 왕의 검'이 만능이거든. 아! 교수님, 칼, 칼이요! 칼로 잘랐을 것 같아요.

오, 정답! 알렉산드로스 대왕은 칼로 매듭을 단숨에 잘라 버렸어요.

내가 맞히고 싶었는데, 한 발 늦었네.
교수님, 또 퀴즈 내실 거죠?

그럼요! 알렉산드로스 대왕은 매듭을 손으로 풀어야 한다는 고정관념을 깼어요. 그 뒤로 복잡한 문제를 간단하게 해결할 때 '고르디아스의 매듭을 잘랐다.'라는 표현을 쓰지요.

후훗.
알렉산드로스 대왕은 저처럼 똑똑했나 봐요.

연이은 승리, 페르시아 정복

연이어 승리한 알렉산드로스 대왕은 계속 진격해 페르시아의 영토였던 시리아와 페니키아를 손에 넣었어요. 이들은 강력히 저항했지만 알렉산드로스 대왕은 거침없이 평정했어요. 마침내 페르시아의 지배를 받던 이집트까지 정복했어요. 그런데 예상과 달리 이집트인들은 알렉산드로스 대왕을 열렬히 환영했어요.

페르시아는 정복지에 대해 관용을 베풀었지만, 반란을 자주 일으켰던 이집트에게는 세금도 많이 뜯어 가며 혹독하게 다루었거든요. 이집트인들은 페르시아에게 불만을 가질 수밖에 없었지요. 이런 상황에서 알렉산드로스 대왕이 페르시아를 물리쳐 주니 고마웠던 거예요. 이집트인들은 알렉산드로스 대왕을 태양의 아들이라고 치켜세우고, 파라오의 관까지 씌워 주었어요. 하지만 알렉산드로스 대왕은 이 정도로 만족하지 않았어요. 알렉산드로스 대왕은 메마른 사막을 건너 아몬 신전을 찾아갔어요. 그리고 자신을 태양의 아들로 선포했어요. 자기가 신화 속 인물이나 영웅과 같은 존재

> **아몬 신전**
> 고대 이집트 신화에 나오는 태양을 상징하는 신 '아몬'을 모시는 신전이다. 알렉산드로스 대왕은 아몬을 그리스 신화 속 제우스와 동일한 신으로 여겼다.

라고 생각한 거지요.

 기원전 331년, 지금의 이라크 북부에 있는 가우가멜라 평원에서 다리우스 3세와 전투를 할 때였어요. 결전을 앞둔 아침, 아무리 기다려도 알렉산드로스 대왕이 나오지 않았어요. 어쩐 일인가 해서 부하들이 천막에 가 보니 알렉산드로스 대왕이 아직도 자고 있지 뭐예요? 부하들이 깨우자 그는 이렇게 말했어요.

 "다리우스는 이미 내 손 안에 들어 왔으니 일찍 일어날 필요가 없다."

 알렉산드로스 대왕은 여유가 있었어요. 전투가 시작되자 그

다리우스 3세를 쫓는 알렉산드로스 대왕 ↓

다리우스 3세를 잡아라!

에라 모르겠다, 걸음아 날 살려라!

← 가우가멜라 전투에서 도망치는 다리우스 3세

의 예상대로 다리우스 3세는 또 다시 도망갔고, 이번에도 승리는 알렉산드로스 대왕의 차지였어요.

뒤로도 알렉산드로스 대왕은 바빌론, 수사 등 페르시아의 대도시를 차례로 정복하면서 도망간 다리우스 3세를 추격했어요. 다리우스 3세는 전투 패배에 화가 난 부하들의 손에 죽임을 당하고 말았지요. 200년을 이어온 대제국 페르시아가 역사 속으로 사라지는 순간이었어요.

대제국의 건설과 좌절된 꿈

마침내 마케도니아의 왕 알렉산드로스 대왕은 페르시아 정복의 꿈을 이뤘어요. 하지만 알렉산드로스 대왕에게는 세계 정복의 야망이 남아 있었어요. 알렉산드로스 대왕은 승리의 기세를 몰아 인도의 인더스강 근처까지 갔어요.

"이제 이 강을 지나 동쪽으로 조금만 더 가면 세상의 끝에 다다를 거야."

당시 사람들은 인도가 동쪽 세상의 끝이라고 생각했어요. 그래서 인도를 정복하면 세계를 정복하는 것인 줄 알았지요. 드디어 알렉산드로스 대왕은 인도의 코끼리 부대를 상대로 전투를 시작했어요. 코끼리 부대는 처음이라 전투 초반에는 고전 알렉산드로스 대왕은 수많은 전투를 치렀지만 한 번도 진 적이 없어요. 그리스에선 알렉산드로스 대왕의 백전백승 비법이 정말 유명해요.

百 戰 百 勝
일백 백 싸울 전 일백 백 승 승
"백 번 싸워 백 번 이긴다"

비법 1 뛰어난 전략과 기술

옛날에는 전투를 할 때 중장 보병들이 고슴도치처럼 밀집한 대형으로 서서 앞으로만 전진하면서 싸웠대요.

그런데 알렉산드로스 대왕은 창의 길이를 2~3배나 늘리고 적군의 측면을 공격하는 싸움법을 택했어요. 신기술을 쓴 거지요!

처척

무려 6.5미터

비법 2 포용 정책과 공포 정책

알렉산드로스 대왕은 항복하는 적에게는 관대했지만 계속해서 저항하는 적은 절대 봐주지 않았어요.

선택해!
항복 / 죽음

비법 3 스스로를 신격화

알렉산드로스 대왕은 자신을 신의 아들이라고 믿게 했어요. 피를 흘리지 않고 이기는 방법이었지요.

난 제우스의 아들이니 신의 아들과 싸우는 것은 죄를 짓는 것이지!

알렉산드로스 대왕에게 항복하는 포로스 ↑

했지만, 긴 창을 무기로 끝내 코끼리 부대를 무너뜨리고 항복을 받아 냈어요. 이제 세계 정복을 이룰 순간이 눈앞에 다가왔는데, 알렉산드로스 대왕은 눈물을 머금고 발길을 돌려야 했어요.

오랜 전투로 지친 병사들이 고향으로 돌아가고 싶다고 들고일어났거든요. 인도의 무더운 날씨와 끊임없이 내리는 비는 건조한 땅에서 살아온 병사들에게 큰 곤욕이었어요. 게다가 12년 동안 부모님과 아내, 자식들과 떨어져 지냈으니 마음이 몹시 힘들었죠.

"세계 끝까지 가는 것은 폐하에게 어울릴지 모르지만, 저희에게는 어울리는 일이 아닙니다. 저희는 지금 지치고 힘들고

피곤하고 기력이 다 쇠했습니다. 우리는 모든 것을 얻었지만, 지금 저희는 아무것도 가진 게 없습니다."

부하들의 간청에 알렉산드로스 대왕은 결국 기나긴 원정을 멈추고 군대를 되돌렸어요. 수많은 전투에서 단 한 번도 패배한 적 없는 알렉산드로스 대왕이 처음으로 자신의 병사들에게 진 거예요.

인도 원정은 이렇게 막을 내렸어요. 원정 기간 동안 알렉산드로스 대왕이 정복한 총 거리는 약 35,000킬로미터라고 해요. 지구 둘레가 약 40,000킬로미터라고 하니, 거의 지구 한 바퀴에 달하는 거리를 이동한 거예요. 정말 대단하지요?

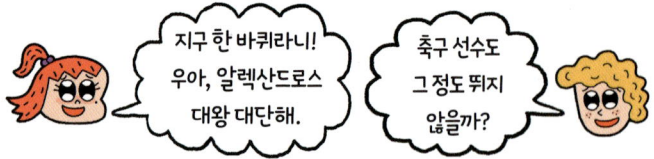

알렉산드로스 대왕은 페르시아로 돌아왔지만 꿈을 포기한 건 아니었어요. 바빌론의 궁전에서 잠시 머물다가 새로운 원정을 떠나려 했지요. 그러나 부하들이 말렸어요. 동방 원정의 목적이었던 페르시아 제국을 정복했는데 왜 다시 전쟁을 해야 하는지 모르겠다고요.

바빌론에 입성한 알렉산드로스 대왕 ↑

알렉산드로스 대왕은 결국 마지막 꿈을 이루지 못했어요. 강에서 수영하다가 원인 모를 열병에 걸렸거든요. 고열에 시달리며 열흘 넘게 끙끙 앓던 알렉산드로스 대왕은 끝내 숨지고 말았어요. 기원전 323년, 그의 나이는 겨우 서른셋이었지요.

이스탄불 박물관에 있는 알렉산드로스 대왕의 석관 ↑

분열된 알렉산드로스 제국

열병으로 의식을 잃었던 알렉산드로스 대왕이 잠시 깨었던 때가 있었어요. 이때 알렉산드로스 대왕을 따르던 부하들이 다급하게 이런 질문을 했어요.

"왕이시여. 당신의 후계자는 누구로 하면 좋을까요?"

정신이 몽롱한 알렉산드로스 대왕이 가까스로 한마디를 했어요.

"크라스토스!"

'크라스토스'는 가장 강한 자라는 뜻이에요. 이 말을 남기고 알렉산드로스가 세상을 떠나자 부하들은 저마다 자신이 정당한 후계자라고 주장하고 나섰어요. 결국 큰 다툼을 벌어졌는데 이를 '후계자의 전쟁'이라고 해요. 무려 40년이나 다툰 끝에 대제국은 세 개로 쪼개졌어요. 이집트 지역은 프톨레마이오스 왕국, 소아시아와 이란 지역은 셀레우코스 왕국, 그리스 본토는 안티고노스

왕국이 들어섰지요. 세 왕국도 기원전 1세기경에는 모두 로마에게 정복되고 말았어요.

갑작스럽게 세상을 떠났지만 알렉산드로스 대왕은 세계 역사 최초로 유럽과 아프리카, 아시아 대륙을 연결하는 대제국을 세운 인물이에요. 또한, 그가 남긴 업적은 인류 역사에 큰 영향을 미쳤어요. 알렉산드로스 대왕이 남긴 위대한 유산을 찾으러 다음 여행지로 가 볼까요?

3장 동서양의 만남, 헬레니즘 문화

알렉산드로스 대왕은 커다란 제국을 건설하며 동서양의 문화 교류에 큰 기여를 했어요. 이제부터는 알렉산드로스 대왕이 남긴 유산에 대한 이야기를 해 볼게요.

알렉산드로스 대왕은 온 세상에 자신이 사랑하는 그리스 문화와 예술을 퍼뜨리고 싶었어요. 그래서 정복지에 자신의 이름을 딴 '알렉산드리아'라는 새로운 도시를 세웠답니다. 기록에 따르면 무려 70개의 알렉산드리아를 세웠다고 해요.

대부분의 도시들은 알렉산드로스 대왕의 통치가 끝난 뒤 다른 이름으로 바뀌었는데, 아직도 그 이름을 쓰는 곳이 있어요. 바로 우리의 세 번째 여행지, 이집트 알렉산드리아랍니다. 알

이집트 알렉산드리아 ↑

렉산드리아는 나일강 하류에 있는 항구 도시로 오늘날 이집트 제2의 도시로 불리는 큰 도시예요.

그리스와 페르시아 문화의 융합

알렉산드로스 대왕은 70개의 알렉산드리아로 그리스인들을 이주시켰어요. 알렉산드리아를 중심으로 그리스의 문화가 퍼지면서 정복지 곳곳에 그리스식 체육관, 극장 등이 지어졌어요. 그런데 알렉산드로스 대왕은 정복지에 그리스 문화만 따르도록 강요하지 않았어요. 정복지의 문화와 언어, 풍습을 기꺼이 받아들이며 문화 융합을 시도했어요.

알렉산드로스 대왕은 스스로 페르시아의 옷을 입고 다니고, 페르시아인 귀족에게 행정과 군사 분야의 중요 직책을 맡기기도 했어요. 또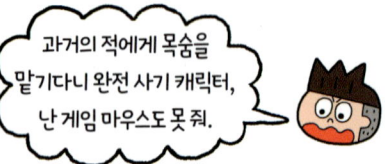
페르시아 청년 3만 명을 뽑아 그리스어를 가르치고, 전술 훈련까지 시켜 자신의 친위대로 삼았지요. 이뿐만이 아니에요.

알렉산드로스 대왕은 오랜 전투로 지친 병사들을 달래 주기 위해 특별한 선물을 마련했어요.

바로 그리스 병사들과 페르시아 여성들의 합동결혼식을 준

비한 거예요. 이때 알렉산드로스 대왕도 다리우스 3세의 딸과 결혼식을 올렸지요. 대규모 합동결혼식은 페르시아 전통으로 5일 동안 진행되었고, 인도에서 온 마술사의 공연에서부터 그리스 악기인 하프 연주까지 다양한 공연을 했다고 해요.

이집트 알렉산드리아는 알렉산드로스 대왕이 기원전 4세기에 처음 건설한 도시예요. 알렉산드리아에는 인류 최초의 도서관으로 평가받은 도서관이 하나 있어요. 바로 알렉산드리아 도서관이지요.

신 알렉산드리아 도서관 내부

누구나 와서 지식을 탐구할 수 있는 도서관을 만듭시다!

프톨레마이오스 2세

프톨레마이오스 2세는 세상의 모든 지식을 모으겠다는 포부로 아주 먼 곳까지 사람을 보냈대요.

지식을 담은 책들을 모두 가져오게나.

프톨레마이오스 2세가 수집한 자료의 양은 무려 파피루스 두루마리 70만 개로, 유럽 전체가 보유한 양의 10배에 달했다고 해요.

알렉산드리아 도서관은 헬레니즘 문화를 여는 중요한 기반이 되었고, 이집트 알렉산드리아는 헬레니즘 문화의 중심지로 발전하였답니다.

기원전 알렉산드리아 도서관의 내부

알렉산드로스 대왕은 그리스 문화 전파에 나섰던 인물인데 왜 페르시아 문화를 받아들인 걸까요? 그건 자신이 건설한 거대한 대제국을 하나의 방식으로 통치하길 원했기 때문이에요. 당시 페르시아의 면적은 그리스 전체의 10배가 넘고, 인구도 훨씬 많았어요. 광대해진 제국을 다스릴 방법으로 민족의 융합을 선택했지요. 그 결과, 제국의 모든 민족이 조화롭게 통일되었어요.

헬레니즘 문화의 특징

알렉산드로스 제국에서 그리스 문화는 이집트, 페르시아 등 오리엔트 문화와 서로 자연스럽게 영향을 주고받으며 새로운 문화로 탄생했어요. 이 문화를 '헬레니즘 문화'라고 한답니다.

오리엔트
라틴어로 '해가 뜨는 곳'이라는 뜻으로, 지중해의 동방에 있는 나라들을 가리킨다. 고대에는 서아시아와 이집트를 가리켰으나 현대에는 동부 아시아를 가리키는 경우가 많다.

헬레니즘은 그리스인들이 스스로를 '헬레네스'라고 일컫는 말에서 비롯되었어요. 알렉산드로스 대왕이 동방 원정을 시작한 기원전 334년부터 이집트가 로마에 정복당하는 기원전 30년까지 약 300년 동안을 헬레니즘 시대라고 하지요. 알렉산드로스 대왕의 죽음 이후 대제국은 분열됐지만, 세 왕국이 모두 후계자라고 자임하면서 헬레니즘 문화는 계승되어 발전할 수 있었지요.

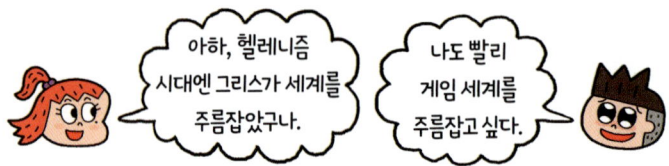

헬레니즘 시대에 그리스 문화는 광대한 정복지에 보급되며 국제 문화로 발돋움했어요. 그리스어는 현대의 영어처럼 헬레니즘 시대의 국제 표준어가 되었어요. 돈 많은 사람들은 그리스어로 말하고 그리스 문화를 즐기며 그리스인처럼 생활했다고 해요. 그게 고상하고 고급스러운 것이라 여겼기 때문이에요.

헬레니즘 시대는 이전 시대와 다른 뚜렷한 특징이 있어요. 바로 '보편적이고 개인주의적이며 세계 시민적'이라는 특징이 나타났다는 거예요. 헬레니즘 시대에 보편적인 것은 곧 그리스 문화였어요. 누구든지 표준 그리스어와 그리스 문화만 잘 알면 어디서든 잘 적응해 살아갈 수 있었지요.

고대 그리스는 도시 국가인 폴리스를 중심으로 민주 정치가 발달했어요. 그리스인들은 직접 정치에 참여하고 폴리스에 헌

신했지요. 하지만 헬레니즘 시대가 되자 그리스인은 좁은 폴리스를 벗어나 넓은 세계로 옮겨 다니기 시작했어요. 그러다 보니 폴리스라는 공동체에 대한 소속감은 약해졌어요. 개인의 행복을 더 중요하게 여기는 개인주의적 경향이 나타난 것이지요.

헬레니즘 시대에 사람들은 이제 자신을 작은 폴리스보다 큰 세계의 일부라고 여기게 됐어요. '세계 시민 사상'이 처음으로 싹튼 거예요. '세계 시민'이라는 말은 디오게네스가 "당신은 어디 출신이오?"라는 질문에 "나는 세계 시민이오."라고 대답하면서 생겨났어요.

← 디오게네스 동상

이렇게 세계 시민적인 특징이 나타나면서 헬레니즘 시대에 그리스 문화는 개방적인 성격을 띠게 되었어요. 열린 마음으로 다른 문화를 받아들이며 문화 융합을 해 나갔지요.

헬레니즘 시대의 문화 융합 사례를 한번 살펴볼까요? 이집트를 지배했던 프톨레마이오스 왕국은 그리스식 민주주의 대신 오리엔트 전통의 군주제를 실시했어요. 또 이집트 신과 그리스 신의 특징을 섞은 사라피스라는 새로운 신을 만들었지요. 그리스와 이집트의 문화가 섞여 새로운 색깔의 문화로 탄생한 거예요.

헬레니즘 시대에 그리스와 오리엔트의 문화는 융합됐지만, 그리스인 개개인들은 혼란과 불안을 느꼈어요. 폴리스라는 공동체가 무너지고, 낯선 문화와 민족이 섞이면서 변화가 많았거든요. 게다가 알렉산드로스 대왕의 후계자들 간 전쟁이 계속됐지요. 이렇듯 사회가 불안정하자 사람들은 개인의 행복과 자기만족에 집중하려고 했고, 철학자들은 사람들에게 어떻게 하면 평온하고 행복하게 살 수 있는지 설명했어요. 스토아학파와 에피쿠로스학파가 대표적이에요.

두 학파는 모두 흔들리지 않는 마음을 강조했어요. 그런데 어떻게 그런 마음을 가질 수 있는지에 대해선 의견이 정반대로 엇갈렸어요.

↑ 스토아 학파의 대표 철학자, 제논

↑ 에피쿠로스학파의 창시자, 에피쿠로스

　스토아학파는 모든 인간이 거대한 자연의 질서 안에 있다고 여겼어요. 물 흐르는 대로 자연의 질서에 따라 바르게 살려면 욕망을 억제하고 이성에 따른 책임과 역할을 다해야 한다고 주장했지요.

　반면 에피쿠로스학파는 인간의 이성보다 감각을 중요하게 여겼어요. 모든 인간은 즐거운 삶을 원하기 때문에 사는 동안 최대한 쾌락을 누려야 한다고 주장한 거예요.

　두 학파는 반대의 주장을 펼쳤지만 서로에게 영향을 주며 그리스 철학을 발전시키는 데 이바지했어요.

새로운 예술의 탄생

헬레니즘 문화는 예술 작품에도 큰 영향을 미쳤어요. 헬레니즘 이전의 고대 그리스 미술은 완벽한 비례와 균형, 조화의 아름다움을 중요하게 여겼어요. 그런데 헬레니즘 시대에 들어서면서 전쟁으로 혼란이 계속되자, 인간의 아름다움을 찾는 일은 태평한 일처럼 여겨졌어요. 그 대신 개인의 행복에 집중하며, 인간의 강렬한 감정을 마음껏 표현하기 시작했어요. 두 시대의 작품이 얼마나 다른지 한번 살펴볼까요?

먼저 그리스 문명 최전성기 건축물부터 살펴보지요. 아테네의 아

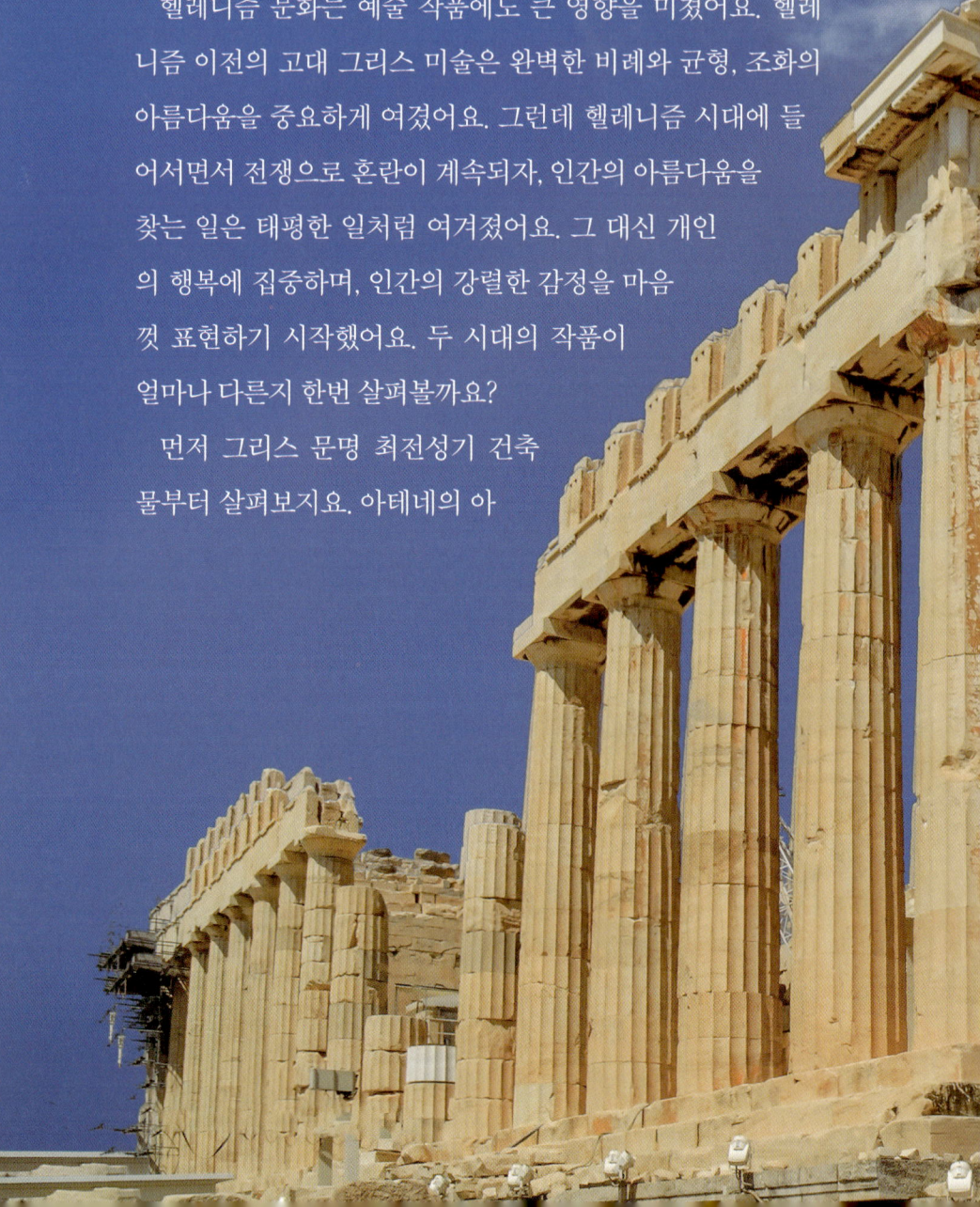

크로폴리스에 있는 파르테논 신전은 기원전 5세기 건축물이에요. 오랜 세월을 거치며 많이 훼손되었지만, 건설 당시의 웅장함과 아름다움은 아직도 남아 있어요. 파르테논 신전은 곧바르고 안정되어 보이도록 모든 부분을 9 대 4 비율에 맞춰 지었어요. 완벽한 비례와 조화를 추구한 것이지요.

← 파르테논 신전

이번에는 헬레니즘 시대의 조각 작품들을 살펴보겠습니다. 〈라오콘 군상〉은 헬레니즘 시대 최고의 걸작으로 꼽히는 작품이에요. 트로이 신관 라오콘과 두 아들이 포세

← 라오콘 군상

이돈의 저주를 받는 장면을 묘사한 조각상인데, 격정적인 인간의 감정과 역동적인 모습을 생생하게 표현했지요.

〈밀로의 비너스〉는 미의 여신 아프로디테를 묘사한 조각상인데 한쪽 무릎을 살짝 굽히고 있어요. 그래서 육체의 아름다움이 한층 부각되어 보이지요.

고대 그리스의 조각이 이상적이고 수학적인 비례와 균형의 아름다움을 추구했다면, 헬레니즘 시대의 조각은 보다 현실적이고 생동감이 넘쳤어요. 화려한 기교로 살아 있는 듯한 역동적인 아름다움을 추구했어요.

밀로의 비너스 상 →

진짜 박물관에 온 것 같아!

↑ 간다라 불상

헬레니즘 문화는 중앙아시아를 거쳐, 인도, 중국에까지 영향을 미쳤어요. 인도 불상이 처음 만들어진 데도 헬레니즘의 영향이 있었지요.

이전의 인도 불교 예술 작품은 석가모니를 연꽃, 발자국 등으로 상징적으로 표현했어요. 그런데 헬레니즘 문화가 전파되면서 인도에서도 인간의 형상으로 만든 불상이 등장했어요. 특히 간다라 지방이 많은 영향을 받았어요. 간다라 지방은 고대 인도 북서부, 오늘날 파키스탄의 페샤와르 일대의 넓은 지역을 가리켜

석굴암 본존불 →

요. 기원전 326년에 알렉산드로스 대왕에게 점령당한 뒤 300년 가까이 지배를 받은 곳이지요.

간다라 지방에서 만들어진 불상은 신을 인간의 형상으로 자연스럽게 표현한 그리스 조각처럼 머리카락과 얼굴이 매우 사실적이고, 옷자락도 자연스럽게 흘러내린 모습이에요. 이렇게 간다라 지방에서 발달한 그리스풍 불교 미술을 간다라 미술이라고 해요.

간다라 미술은 훗날 중국뿐 아니라 우리나라에도 큰 영향을 주었어요. 바로 통일 신라 시대에 만들어진 석굴암 본존불상이 간다라 미술의 영향으로 만들어진 거랍니다.

헬레니즘 시대의 학자들

헬레니즘 시대에는 예술뿐 아니라 수학과 과학도 눈부시게 발전했어요. 이 성과는 훗날 서아시아를 거쳐 유럽으로 다시 전해졌고, 현대 과학 발전에 큰 영향을 미쳤어요. 그래서 헬레니즘 시대를 가장 찬란했던 과학의 시대로 부르기도 하지요. 이 시대 등장한 학자들은 한둘이 아니었어요. 가장 먼저 부력의 원리를 발견한 수학자이자 물리학자인 아르키메데스를 들 수 있어요. 아르키메데스는 오늘날 이탈리아 시칠리아섬의 시

↑ 아르키메데스

라쿠사에서 활약했는데, 어느 날 왕의 명으로 왕관이 순금인지 아닌지 알아낼 방법을 찾고 있었어요. 그러던 중 목욕을 하기 위해 욕조에 들어갔다가 자기 몸의 부피만큼 물이 넘치는 걸 보았어요. 그 순간 아르키메데스는 왕관이 순금으로 됐는지 확인할 방법이 떠올랐어요. 물속에 같은 무게의 금덩어리를 넣었을 때와 금관을 넣었을 때에 넘친 물의 양을 재 비교하는 것이었지요. 이때 아르키메데스는 너무 기뻐서 "유레카! 유레카!" 하고 외치며 알몸으로 뛰쳐나갔다는 얘기가 전해지지요.

> 새로운 게임 전략을 알아내면 나도 외쳐야지! 유레카!

또, 지구가 태양 주위를 돈다는 지동설을 최초로 주장한 천문학자 아리스타르코스, 태양 빛의 각도로 지구의 둘레를 계산한 수학자 에라토스테네스, 인체를 직접 해부해 심장의 판막과 뇌의 구조를 밝힌 해부학자이자 의사인 에라시스트라토

안티오쿠스를 진찰하는 에라시스트라토스(붉은 망토를 입은 사람) ↑

스들이 있어요. 이들은 모두 이집트 알렉산드리아를 중심으로 활약했어요. 알렉산드리아 도서관 덕분에 많은 학자들이 모여 들어 학문을 발전시킨 것이지요.

이처럼 헬레니즘 문화의 영향은 막강했어요. 알렉산드로스 대왕이 세상을 떠난 후 300년 동안이나 헬레니즘 문화가 꽃피웠으니, 대단하지요. 그런데 여러 나라를 하나로 통일해 대제국을 세운 인물은 동양에도 있어요. 다음 주인공을 만나러 갈 여행지는 바로 중국이랍니다.

HISTORY AIRLINE

2부
중국을 최초로 통일한 진시황제

FROM GREECE　TO CHINA

Boarding Pass

❶ 천하를 통일한 영웅의 탄생
❷ 중국 천하통일의 비법
❸ 진나라의 혼돈과 멸망

그리스

국가명	중국
수도	베이징
민족	한족(91.5%), 기타(8.5%)
먹을거리	마파두부, 베이징덕, 딤섬, 탕수육, 게 요리 등
종교	무교·토속 종교(73.56%), 불교(15.87%), 기독교(2.51%), 이슬람교(0.45%), 기타(7.62%)
언어	중국어

기원전
- 700년 고조선 등장
- 450년 부여 건국
- 403년 전국 시대 시작
- 259년 진시황제 출생
- 247년 진시황제 즉위

중국은 세계에서 가장 오래된 문명 중 하나이며, 전 세계에서 네 번째로 영토가 넓은 나라예요. 고대에 중국 대륙은 여러 개의 나라로 나뉘어져 있었고, 오랜 역사를 거쳐 오늘날의 중국이 되었지요. 중국 대륙이 최초로 통일된 때는 언제일까요? 중국의 천하통일 과정과 그 위대한 업적을 세운 인물을 만나 보아요.

중국

진시황제의 진나라 통일		분서갱유	진시황제 죽음	진나라 멸망	삼한 시대 시작	위만, 고조선 망명	고조선 멸망
221년		213년	210년	207년	200년	195년	108년

# 천하를 통일한 영웅의 탄생

우리는 지금 중국 시안에 도착했어요. 이곳에서 우리는 동양 최초의 통일 제국이 탄생한 역사 이야기를 벌거벗겨 볼 거예요.

여러분, '장안의 화제'란 말을 들어보았나요? '장안'은 시안의 옛 이름이에요. 손오공이 나오는 〈서유기〉의 배경이기도 하지요. 시안은 진나라부터 청나라까지 중국의 수천 년 역사와 문화 유적을 품고 있는 도시랍니다. 아테네, 로마, 카이로와 함께 세계 4대 고대 도시로 꼽히는 곳이지요. 도시 역사만 3,000년이 넘고, 그중 1,100년 동안 중국의 수도였어요.

시안은 실크로드의 출발지여서 이슬람교를 믿는 소수 민족이 많이 살아요. 그래서 양고기 요리가 많고, 넓적한 면에 오이, 숙주, 땅콩 등을 넣어 만든 양념장에 버무려 먹는 비빔국수인 량피가 전통 음식으로 유명하지요.

진시황릉의 비밀을 품은 도시

시안에는 한나라부터 당나라까지 중국을 지배한 황제의 무덤이 무려 72개나 있어요. 그중에 중국 역사상 가장 유명하고 가장 강력한 권력을 가졌던 황제의 무덤이 있어요. 바로 진시황릉이에요.

진시황릉은 중국인들이 통일 중국의 역사가 시작된 곳이라 여겨서 꼭 가 보고 싶어 하는 곳이에요. 또 매년 전 세계에서 800만 명이 넘는 관광객이 찾아오는 유명한 곳이지요.

진시황릉의 주인은 이름만 들어도 알 수 있듯 진시황제예요. 진시황제는 사후 세계가 있을 거라고 믿었어요. 그래서 자신의 무덤을 황궁처럼 꾸미기 위해 땅 밑 깊숙한 곳에 지하 궁전을 건설했지요.

진시황릉이 궁금하면 내가 쓴 〈사기〉를 봐.

← 〈사기〉를 쓴 사마천

진시황릉의 전체 면적은 60만여 평으로 경기도 용인에 있는 놀이공원의 약 3배에 달할 만큼 어마어마하게 커요. 심지어 지하로 4층까지 내려가는 구조로, 개인의 무덤으로는 세계에서 가장 큰 규모예요. 하지만 무덤이 완전히 다 발굴되지 않아서 아직까지도 내부가 어떻게 생겼고 무엇이 있는지 정확히 알지 못해요.

> 중국에 살 때 아빠랑 가 봤는데 정말 커!

중국의 위대한 역사가 사마천이 쓴 〈사기〉에 따르면, 진시황릉은 기원전 246년부터 70만여 명을 동원해 40여 년간 지었고, 무덤 안에는 온갖 보석이 묻혀 있다고 해요. 뿐만 아니라 무덤 천장에는 별자리를, 바닥에는 진나라 땅의 모형을 설치했고, 수은을 흘려보내 강과 바다를 표현했대요.

> 그냥 산 같은데, 진시황릉이라고?

진시황릉의 주변에는 세계 8대 기적이라 불리는 유적지인 병마용갱이 있어요. 진시황릉을 지키기 위해 흙으로 만든 병사와 말 모형을 모아 놓은 갱도인데, 아주 우연히 발굴됐다고 해요.

1974년, 한 농부가 우물을 만들기 위해 땅을 파다가 작은 파편을 발견했어요.
뭐지?

농부가 계속 파보았더니 실제 사람과 꼭 닮은 도기 인형이 나왔어요.
사람들에게 알려야겠어.

농부의 신고로 곧 조사가 이뤄졌고, 병마용갱이 2,000년 만에 세상에 모습을 드러냈답니다.
세상에!

병마용갱은 실제로 보면 압도당할 만큼 어마어마한 규모예요. 병사들 하나하나 표정도, 옷도 다 다르게 만들어져서 '와, 진짜 진시황의 병사 같다!'는 말이 절로 나와요. 여러분도 꼭 한번 병마용갱에 가 보세요. 나만큼 깜짝 놀랄 거랍니다!

진시황릉 병마용갱

진시황릉은 도굴을 막기 위해 화살을 쏘는 기계 장치를 설치했다는 기록도 있는데, 정확히 어떤 장치인지 아는 사람은 아무도 없어요. 내부의 비밀을 유지하기 위해 장치를 만든 사람들을 모두 생매장했기 때문이지요.

진시황릉은 현대 과학 기술로도 여전히 발굴이 불가능하다고 해요. 학자들은 유물을 훼손하지 않고 발굴하는 방법을 찾는 데는 1,000년이 걸릴지도 모른다고 이야기하고 있어요.

인질로 잡혀간 왕족의 아들

진시황제는 얼마나 대단한 인물이기에 이런 거대한 무덤의 주인이 되었을까요? 지금부터 사마천이 쓴 〈사기〉에 기록된 내용을 바탕으로 진시황제의 이야기를 낱낱이 벌거벗겨 볼게요.

진시황제가 통일하기 이전의 중국은 전국 시대였어요. 전국 시대는 기원전 403년에 시작되었는데, 제후국˙들이 세력을 다투다 일곱 나라가 남게 되었어요. 위, 한, 조, 연, 제, 초, 진으로, 이들을 '전국 칠웅'이라고 부른답니다.

> **제후국**
> 제후가 다스리는 나라. 제후는 주나라 왕으로부터 땅을 하사받은 왕족이나 공신이었는데, 주나라가 약해지자 힘을 키워 독립적인 나라를 만들어 갔다.

전국 칠웅은 서로 영토를 차지하기 위해 치열하게 다투었어요. 진나라와 조나라도 영토 전쟁을 벌이는 한편, 서로를 견제하기 위해 인질을 교환했어요. 이때 교환했던 인질 중에 진시황제의 아버지인 자초가 있었어요. 자초는 진나라의 왕족이었어요. 그런데 진나라는 왕족이 인질로 가 있는데도 조나라에 대한 공격을 멈추지 않았어요. 진나라에는 왕족이 한둘이 아니어서 자초가 없어도 별 아쉬움이 없었던 거지요.

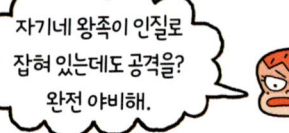

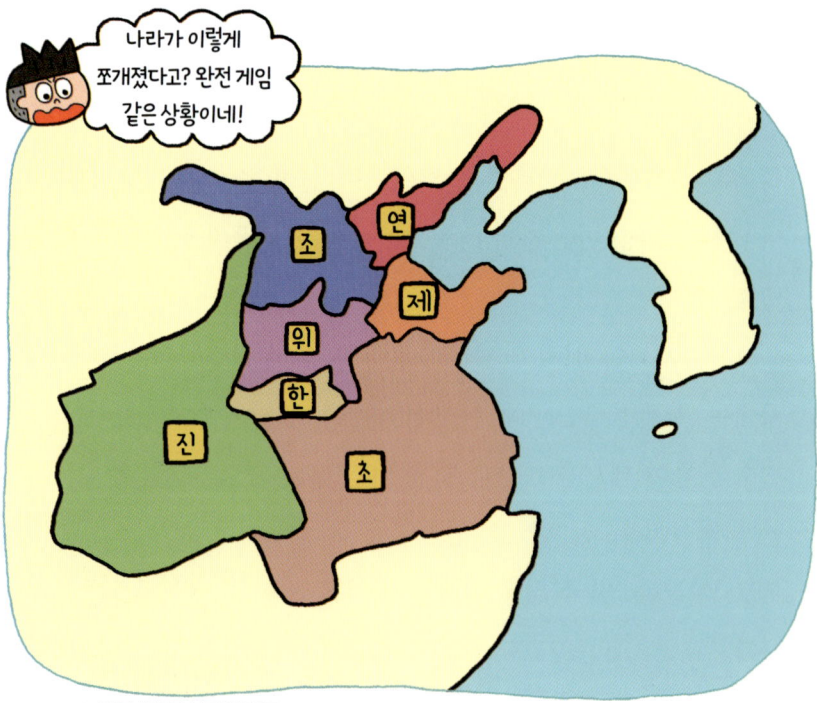

↑ 전국 칠웅을 나타낸 지도

　진나라의 무관심 속에 자초는 조나라에서 온갖 냉대를 받으며 궁핍하게 살았어요. 그러던 어느 날, 자초는 우연히 한 상인을 만났어요. 상인의 이름은 여불위로, 전국 칠웅을 안방 드나들듯 다니며 엄청난 재산을 모은 것으로 유명한 인물이었지요. 여불위는 자초를 보고는 속으로 이런 생각했어요.
　'진귀한 보배로군. 미리 투자할 가치가 있어.'
　여불위는 물건의 가치뿐만 아니라 사람의 잠재적 가치를 알아보는 안목도 뛰어났어요. 자초가 왕이 될 재목임을 한눈에 알아보고, 전 재산을 투자하기로 결심을 했어요.

"제가 진나라의 왕으로 만들어 드리겠습니다. 자금을 드릴 테니 힘 있는 사신들과 친분을 맺어 두십시오."

"좋다. 내가 왕이 된다면 진나라의 반을 네게 주겠다."

킹메이커를 자처한 여불위는 자초에게 오백 금을 주고, 자신도 오백 금으로 값비싼 예물과 진귀한 물건을 사서 진나라로 떠났어요. 당시 보통 사람들의 재산이 열 금 정도였는데 무려 천 금을 자초에게 투자한 거예요.

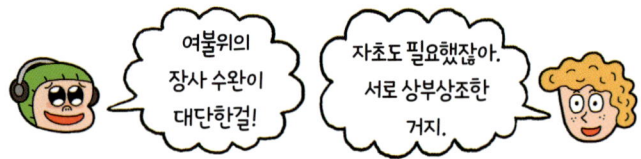

진나라에 온 여불위는 가장 먼저 왕실의 속사정을 자세히 알아봤어요. 그리고 진나라의 태자 안국군*에게 대를 이을 자식이 없다는 사실을 알아냈어요. 여불위는 공작을 펼쳐 자초를 안국군의 양자로 들이고 왕위를 이을 후계자로 만드는 데 성공했어요.

> **안국군**
> 전국 시대 진나라 29대 왕으로, 진시황제의 할아버지다. 왕위에 오른 지 1년 만에 세상을 떠난 비운의 왕이었다.

후계자가 된 자초는 여불위의 집에 방문했다가 한 여인을 보고 첫눈에 반했어요. 그 여인은 여불위와 사랑하는

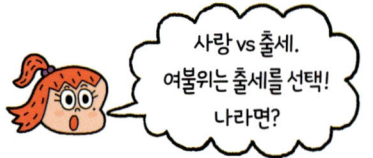

사이였던 무희였어요. 하지만 자신의 출세가 우선이었던 여불위는 자초에게 무희를 소개해 주었지요.

얼마 후 부부가 된 두 사람은 아들을 낳았고, 이름을 영정이라 지었어요. 영정이 바로 진시황제죠. 그런데 진시황제의 출생을 두고 여불위와 무희의 관계 때문에 진시황제가 사실은 여불위의 아들이었다는 말도 있답니다.

> 자초가 여불위의 지원을 엄청 받았군!

야망을 품은 진나라 왕, 영정

기원전 251년, 마침내 자초가 진나라의 30대 왕, 장양왕이 되었어요. 자초는 자신을 왕으로 만든 일등공신 여불위에게 큰 상을 내렸어요.

"그대의 공을 인정하여 승상*으로 임명하고, 세금을 받아 쓸 수 있는 땅 10만 호를 내린다."

> **승상**
> 고대 중국의 벼슬로, 우리나라의 정승과 같다.

그런데 무슨 운명의 장난인지, 자초가 즉위 3년 만에 갑자기 죽고 말았어요. 자초의 첫째 아들인 영정이 왕위를 이어받았지만, 영정은 당시 열세 살로 한 나라를 다스리기엔 너무 어렸어요. 그래서 여불위가 섭정을 했고, 영정은 때를 기다리며 마음속에 원대한 야망을 키웠어요.

"아직은 어리지만 내 기필코 여불위를 몰아내고 왕권을 바로 세우리라."

여불위는 이전보다 더욱 완벽하게 권력을 잡았어요. 승상보다 높은 상국의 자리에 오르고, 작은 아버지란 뜻으로 '중부'라고 불리기까지 했지요. 당시 책을 편찬한다는 건 권세가 대단하다는 의미였는데, 여불위는 주변 나라에서 학식 있는 인재 3,000명을 모아 〈여씨춘추〉라는 일종의 백과사전을 낼 정도로 권세가 높았어요.

〈여씨춘추〉는 오늘날 전국 시대 말기의 귀중한 자료로 평가받는 책이에요. 〈여씨춘추〉에 대해 좀더 알아볼까요?

전국 시대 말기, 천하통일을 앞둔 진나라는 정치, 군사적으로는 어느 나라도 따라올 수 없을 정도로 강했어요. 그러나 문

화나 사상 면에서는 다른 나라들에 비해 뒤떨어졌어요. 여불위는 이를 매우 부끄럽게 여겼고 막대한 거금을 들여 야심찬 문화 사업을 벌였어요. 그게 바로 〈여씨춘추〉를 만드는 거였어요. 〈여씨춘추〉는 총 26권으로 글자 수가 20만여 자에 이르고, 천하의 모든 학문과 사상, 이론을 모두 완벽하게 기록했다고 해요.

〈여씨춘추〉에 대한 여불위의 자부심은 남달랐어요. "누구든지 이 책에서 한 글자라도 잘못된 데를 지적해 바로잡으면 천금을 주겠다."며 방을 내걸었지요. 이런 일은 황제나 할 수 있는 일이었어요. 그만큼 여불위의 권력과 명성이 막강했던 것이지요.

어느덧 세월이 흘러 영정은 성인이 되었어요. 이 무렵 영정과 여불위의 관계는 어땠을까요?

영정은 왕실의 권력을 되찾아 올 기회를 엿보고 있었어요. 이를 눈치챈 여불위는 슬슬 영정을 견제하기 시작했어요. 그런데 여불위에게는 걱정거리가 하나 있었어요. 영정의 어머니인 태후와 자신이 시로 사랑하던 사이라는 거였어요. 여불위는 이 사실이 드러나면 큰일이 날 거란 생각에 꾀를 내었어요. 태후에게 노애라는 남자를 소개해 준 거예요.

노애는 환관인 것처럼 위장하고 몰래 태후를 만났고, 둘은 아들을 두 명이나 낳았어요. 그러다 자신의 아들을 왕으로 만들겠다며 반란을 일으켰어요. 반란은 영정이 보낸 군대에 의해 실패로 돌아갔고 노애는 붙잡혀 죽고 말았지요.

영정은 이 사건의 발단이었던 여불위에게 책임을 물었어요.

"여불위는 역적 노애를 천거한 책임을 지고 직위를 내놓도록 하라."

> **천거**
> 어떤 직위에 사람을 쓰도록 소개하거나 추천하는 것을 말한다.

영정은 여불위를 먼 지방으로 유배를 보냈어요. 그러나 여불위의 명성은 쉽사리 사라지지 않았어요. 여불위는 '작은 아버지'란 뜻으로 중부라고 불린다고 했었

죠? 여불위를 찾는 사람들이 끊이지 않았어요. 여불위를 그대로 둘 수 없었던 영정은 한 통의 편지를 보냈어요.

"공은 진나라와 어떤 혈연관계가 있다고 중부 행세를 하는가? 즉시 가족을 이끌고 촉나라로 옮겨 살아라."

여불위는 자신의 야망이 모두 꺾였다는 걸 깨닫고 스스로 목숨을 끊었어요. 이로써 영정은 진나라 조정의 모든 권력을 손에 쥐게 되었지요. 이때 영정의 나이는 스물두 살이었답니다.

2장 중국 천하 통일의 비법

진시황제의 전사들이야! 엄청 섬세하게 만들었다, 그치?

응. 진짜 같아! 몇 살인지도 알 것 같아.

진시황제는 중국 역사에 가장 큰 영향을 미친 인물이에요. 강력한 권력을 가졌고, 중국을 최초로 하나의 거대한 제국으로 통일했지요. 오늘날 우리가 중국을 영어로 '차이나'라고 하는 것도 진나라의 이름에서 유래했어요. 진나라의 국호 '진(Chin)'이 로마로 전해져 서양 사람들이 중국을 차이나(China)로 부르게 되었지요.

전국 시대 초기, 진나라는 전국 칠웅 중 하나였지만 서쪽 변방에 있어서 다른 나라에 비해 발전이 더뎠고 세력도 약했어요. 진나라는 전국 칠웅이 치열하게 싸우는 과정에서 힘을 키웠어요. 그리고 전국 시대 말기에 이르면 어디에도 뒤지지 않은 나라가 되었어요.

이제부터는 진시황제가 진나라를 어떻게 더욱 강하게 만들고, 중국을 통일했는지 알아볼 거예요. 병마용갱을 만든 진시황제의 중국 천하통일 이야기, 지금 시작합니다.

지리적 단점을 이용한 뛰어난 인재 등용

드디어 영정은 진나라의 최고 권력자로 올라섰어요. 영정에게는 원대한 야망이 있었어요. 진나라를 가장 부유하고 가장 강한 나라로 만드는 것이었지요. 하지만 서쪽 변방에 있다 보니 진나라는 중원에 있는 한나라와 위나라처럼 문화 수준이 높지 않았어요. 영정은 이런 지리적 한계를 극복할 수 있는 방법을 찾아 골몰했어요. 그러다 좋은 생각이 떠올랐지요.

'그래! 외래문화와 인재를 받아들여 우리 것으로 만드는 거야.'

영정은 국경을 활짝 열고, 출신에 상관없이 인재들을 적극적으로 받아들였어요. 각 나라의 훌륭한 인재들이 진나라로 모여들었어요.

타국에서 온 인재 중에 영정의 두터운 신임을 받은 신하가 있었어요. 초나라 출신의 이사라는 학자였어요. 신하들은 영정의 총애를 받는 이사를 눈엣가시처럼 여겼어요. 이사를 쫓아낼 구실을 찾았고 영정에게 이렇게 말했어요.

"타국 출신들은 간첩이 될 수 있으니 모두 쫓아내야 합니다."

이때 이사는 기지를 발휘했어요. 지금까지도 최고의 명문으로 꼽히는 〈간축객서〉라는 글을 써서 영정에게 바친 거예요.

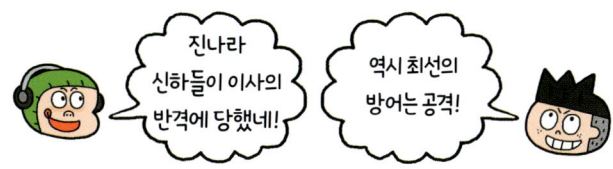

　이사는 〈간축객서〉에서 타국 출신의 인재를 추방하면 다른 나라만 이롭게 할 뿐이며, 국내외를 가리지 않고 인재를 등용해야 진나라가 발전할 수 있다고 주장했어요.

　영정은 이사의 주장을 받아들였고, 이사의 재능을 높이 사 중요한 관직에 앉혔어요. 영정의 신임을 얻은 이사는 영정이 중국 통일을 결심하는 데 결정적인 조언을 했어요.

　"진나라의 강대한 힘과 대왕의 현명함이 있으니 천하를 통일하는 것은 쉬운 일입니다. 지금이야말로 천년에 한 번 있을까 말까한 절호의 기회이니 이때를 놓치지 마십시오."

　"네 말이 맞다. 내가 천하통일을 이뤄 오랜 혼란을 끝내겠다."

　영정은 천하통일 대업을 이루기로 결심했어요. 이사는 여섯 나라를 무너뜨릴 계책을

진나라는 이웃한 여섯 나라와 치열한 경쟁을 했어요. 무기로 싸운 전쟁도 했지만, 무기 없이 싸우는 외교 전쟁도 했지요.

외교란 다른 나라와 정치, 경제, 문화적 관계를 맺는 거예요. 이때의 외교 전술 가운데 지금까지 쓰이는 것이 있어요. 우리 아빠한테 배운 진나라의 외교 전술, 여러분에게 알려 줄게요.

合從策
합할 합 세로 종 꾀 책

합종책은 여섯 나라가 진에 대항하기 위해 세로로 동맹을 맺어 힘을 합친다는 전략이에요.

"우리끼리 힘을 합쳐야 해."

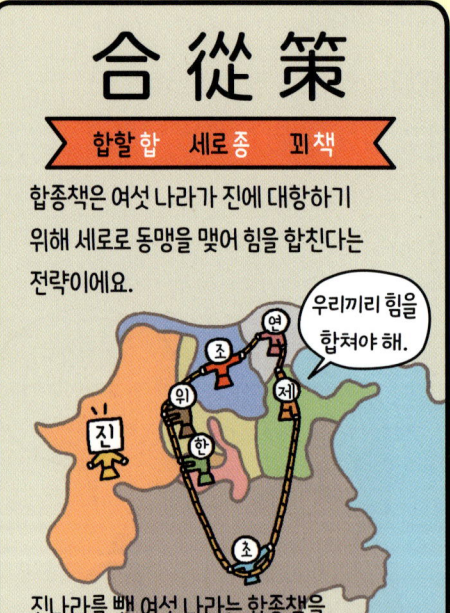

진나라를 뺀 여섯 나라는 합종책을,

連橫策
잇닿을 연 가로 횡 꾀 책

연횡책은 진나라가 가로로 여섯 나라와 각각 동맹을 맺어 평화롭게 지낸다는 전략이에요.

"같이 잘 지내자고!"

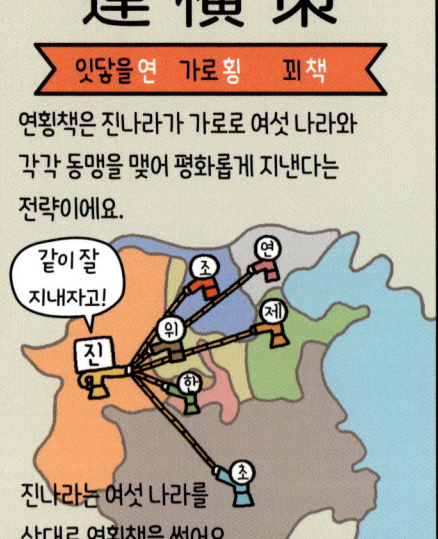

진나라는 여섯 나라를 상대로 연횡책을 썼어요

결과는 어땠냐고요? 진나라의 승리였죠. 진나라는 연횡책으로 각 나라와 친하게 지내서 여섯 나라가 힘을 합치지 못하게 했어요. 서로 힘을 합치지 못하니, 결국 한 나라씩 진나라에게 무릎을 꿇게 됐지요. 진나라는 이렇게 해서 천하를 통일했답니다.

"에헴!" "항복!"

내놓았어요. 각 나라 왕들을 황금으로 설득하고, 말을 듣지 않으면 서슴없이 죽여야 한다고 했어요. 또 나라들 사이를 이간질해 분열시키고, 나라가 혼란스러워지면 그 틈에 뛰어난 장군을 보내 공격하자고 했지요.

영정은 이사의 계책대로 했고, 큰 효과를 거두었어요. 이사에 대한 영정의 신임은 더욱 두터워졌지요.

강력한 법치주의

영정은 천하통일을 하는 데 필요한 뛰어난 인재와 전략을 준비했어요. 그리고 또 하나! 영정에게는 천하통일의 바탕이 된 통치 사상이 있었어요.

당시 중국의 가장 대표적인 사상은 유가와 법가였어요. 유가는 공자가 일으킨 사상으로, 인간의 본성은 인과 예를 추구한다고 했어요. 인간은 태어날 때부터 선하기 때문에 덕으로 다스려야 한다고 했어요. 성선설에 밑바탕을 둔 사상이지요.

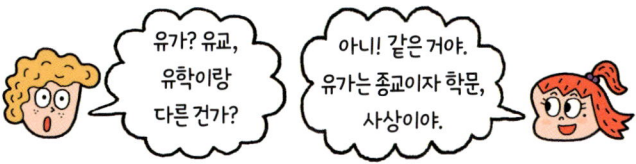

반대로 법가는 인간의 본성이 악하다는 성악설을 바탕에 둔 사상이에요. 때문에 인간은 덕이 아닌 강력한 법으로 다스려야 한다고 했어요. 또 왕의 권위를 높이고 세력을 유지하는 것을 강조했지요. 한비자˙, 이사 등의 학자가 대표적인 사상가예요.

영정은 두 사상 가운데 법가를 통치 기반으로 삼고, 군대는 물론 백성도 엄격한 법과 제도로 다스렸어요. 20등급을 만들어 공을 세우면 성과에 따라 상을 주고, 잘못을 하면 규정에 따라 벌을 내렸어요. 모든 일을 법대로 처리했지요. 이를 법치주의라고 한답니다.

> **한비자**
> 중국 전국 시대 정치 사상가로, 법가 사상을 집대성했다. 진시황제는 한비자의 글을 읽고, 한비자를 만나고 싶어 했다.

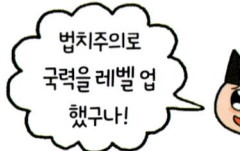

또 20세 이상의 남자는 분가시켜 농사를 짓게 하고, 귀족의 혜택을 없앴어요. 지위가 높고 낮음, 친분이 있고 없음에 상관없이 누구나 출세할 수 있게 했어요. 영정은 이렇게 법을 통해 부국강병의 틀을 마련했답니다.

법치주의로 나라의 기틀을 튼튼하게 마련한 영정은 한, 조, 연, 위나라를 차례로 무너뜨렸어요. 그다음은 초나라의 차례였지요. 그런데 초나라는 땅도 크고, 군사력도 막강해 상대하기가 쉽지 않았어요.

영정은 여러 장군을 모아 군사가 얼마나 필요한지 의논했어요. 이때 용맹한 젊은 장군 이신과 여러 전투에서 공을 세운 노장군 왕전˙이 각기 다른 주장을 했어요.

> **왕전**
> 진나라의 장수로, 조나라, 초나라 등을 점령해 진나라의 천하통일에 큰 공을 세웠다.

"젊은 저에게 20만 명의 군사를 주시면 초나라를 무찌를 수 있습니다."

"초나라를 우습게 보지 마십시오. 제 경험상 60만 명의 군사가 있어야 합니다."

영정은 노장군 왕전이 겁이 많아졌다며 젊은 장군 이신에게 초나라와의 전쟁을 맡겼어요. 속이 상한 왕전은 병이 났다는 핑계를 대고 고향으로 돌아갔지요. 그런데 기세가 등등했던 이신은 초나라 군대에 이긴 듯했다가 끝내 역습을 당해 크게 패하고 말았어요.

영정은 왕전을 찾아갔어요. 자신이 오판했음을 인정하며 사과하고, 60만 명의 군사를 내주겠다고 했어요. 그러자 왕전이

이렇게 대답했어요.

"폐하, 제가 공을 세우고 돌아오면 자식들에게 물려줄 집 한 채 내려 주십시오."

"걱정 마시오. 초나라를 이긴다면 무슨 소원인들 못 들어주겠는가."

영정의 약속을 받은 왕전은 60만 대군을 이끌고 나가 기원전 223년 결국 승리를 거두었어요.

이제 천하통일을 위해 남은 나라는 딱 하나, 제나라였어요. 영정은 오랜 전쟁으로 지쳐 있는 제나라 왕을 살살 달랬어요.

"항복하면 목숨을 살려 주고 500리 땅도 하사하겠다."

제나라 왕은 그 말을 철석같이 믿고 항복했어요. 그러나 영

↑ 초나라에 승리한 노장군 왕전

정은 제나라 왕을 멀리 추방해 산속에서 굶어 죽게 만들었어요. 다시는 제나라가 일어나지 못하도록 싹을 잘라 버린 거지요. 이로써 영정은 중국 최초로 통일 국가를 완성했어요. 이때 그의 나이는 불과 서른아홉 살이었답니다.

중국 통일에 큰 역할을 한 노장군 왕전은 초나라와 싸우러 가는 동안 다섯 번이나 왕실로 사람을 보내서 영정에게 약속을 지켜 달라고 부탁을 했어요. 주변에서는 왕전의 태도가 지나치다며 나무랐지요. 그런데 사실 왕전에게는 이렇게 행동한 특별한 이유가 있었답니다. 여기서 퀴즈!

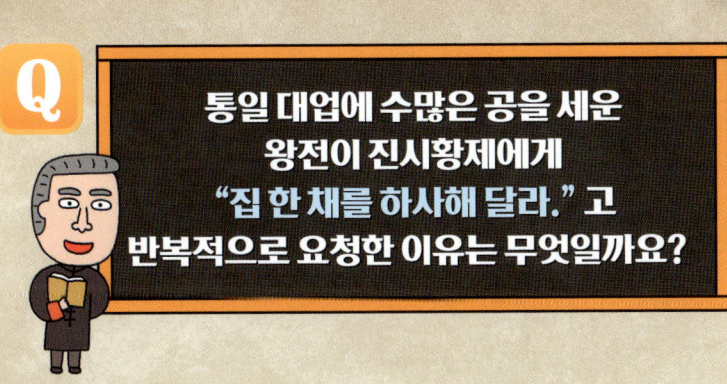

Q 통일 대업에 수많은 공을 세운 왕전이 진시황제에게 "집 한 채를 하사해 달라."고 반복적으로 요청한 이유는 무엇일까요?

당연히 진시황제가 약속을 안 지킬까 봐 그랬겠죠.

 맞아요. 제나라 왕과의 약속도 안 지켰으니 불안해서 그러지 않았을까요?

 어? 엄마가 세계사 여행을 다녀오면 게임기 사 준다고 했는데, 엄마도 약속을 안 지키면 어쩌지?

 또 게임기 타령이냐? 퀴즈에 집중! 그런데 좀 이상해. 목숨 걸고 나가는 일인데, 왜 겨우 집 한 채를 달랬을까?

 그러게. 나라면 더 높은 벼슬이나 땅을 달라고 했을 텐데.

 진시황제가 화낼까 봐 무서웠던 게 아닐까?

 아, 알았다! 교수님, 왕전은 큰 보상을 원하면 진시황제가 욕심이 많다고 여겨 화를 당할 수 있으니까 일부러 집 한 채면 충분하다고 강조한 것 같아요!

 허허. 맞아요. 왕전은 이렇게 말했대요. "폐하는 의심이 많은 분이시다. 재산을 달라며 귀찮게 굴어야 반란을 일으킬 마음이 없다는 걸 보여 줄 수 있지 않은가." 그러니까 왕전은 자신이 아무런 야심도 없다는 걸 진시황제에게 보여 주기 위해 일부러 그런 행동을 한 거예요.

굳건한 중앙 집권 국가 체제

중국을 천하통일한 영정은 자신의 업적에 어울리는 새 칭호가 필요하다고 생각했어요.

"짐을 전설에 등장하는 '삼황오제'의 '황'과 '제'를 따서 '황제'로 칭하겠다."

> **삼황오제**
> 중국 고대 전설에서 세 명의 임금인 천황씨, 지황씨, 인황씨와 다섯 명의 어진 군주인 소호, 전욱, 제곡, 요, 순을 가리킨다.

영정은 통일 국가를 세운 첫 번째 황제라는 의미로 '처음 시(始)'를 붙여 스스로를 '시황제'로 칭하고, 자신의 뒤를 잇는 왕은 2세, 3세 황제로 부르도록 했어요.

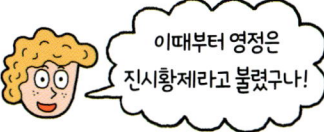
이때부터 영정은 진시황제라고 불렸구나!

진시황제는 천만 세 황제가 이어질 때까지 진나라가 굳건할 것이라고 확신했어요. 그런데 막상 나라를 통일하고 보니 아주 심각한 문제가 있었어요. 문자, 화폐, 제도, 법 등이 제각기 달랐던 거예요. 때문에 백성들의 생활도 불편했고, 나라를 통치하는 데도 큰 혼란이 빚어졌어요.

진시황세는 나라마다 다르게 썼던 글자 서체를 진나라의 글자로 통일했어요. 또 화폐를 비롯해 무게나 실이, 용량을

↑ 진나라의 화폐 반량전

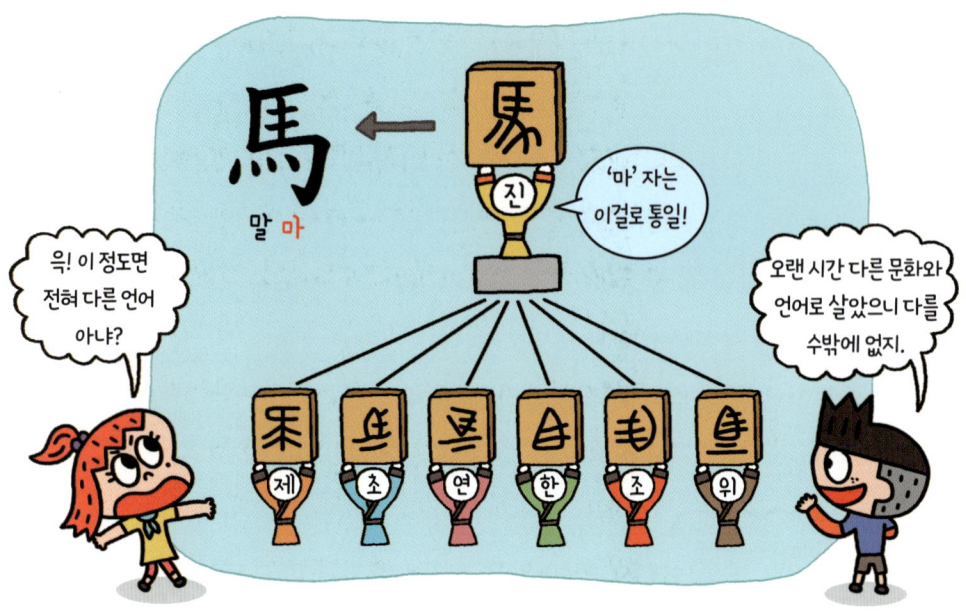

재는 단위도 하나로 통일해 백성들의 생활을 편리하게 만들어 주었어요. 이뿐만이 아니라 수레바퀴의 폭도 똑같이 만들고, 도로의 폭까지 일정하게 만들었어요. 그러자 수도에서 각 지방으로 뻗어나간 길을 따라 사람과 물자 모두 쉽고 빠르게 오갈 수 있게 되었지요.

　진시황제는 초기에는 백성들을 위해 일하는 왕이었어요. 의욕도 넘쳐서 모든 일을 자신의 손으로 처리했고, 일을 마치지 못하면 잠까지 미룰 정도였지요. 오늘날이라면 진시황제는 '워크홀릭'이라는 말을 들었을 거예요.

진시황제는 하루에 일정한 업무량을 정해서 나랏일을 처리했는데 그 방법이 독특했어요. 저울로 죽간의 무게를 쟀지요. 당시는 종이가 없었던 때라 모든 상소문이나 확인해야 할 서류는 대나무 조각인 죽간을 사용했어요. 진시황제는 죽간을 저울에 달아 하루에 1석, 약 30킬로그램의 서류를 처리했어요.

하루에 30킬로그램? 대단해.

진시황제가 이렇게 일을 열심히 한데는 백성을 위한 마음도 있었지만 진짜 속내는 모든 권력을 왕인 자신에게 집중시키는 데 목적이 있었어요. 모든 상소문을 자신이 직접 처리하면 나랏일의 최종 결정권을 신하들에게 주지 않아도 되니까요.

모든 제도를 통일시킨 것 역시 통치를 효율적으로 하기 위해서였어요. 새로 만든 도로도 그랬어요. 수도 함양을 중심으로 방사선 모양으로 뻗어나가는 도로는 황제의 명령을 신속하게 전달하고, 지방에 반란이 일어나면 군대를 재빠르게 보내 진압하기 좋았지요.

진시황제는 강력한 왕권을 갖기 위해 새로운 통치 제도가 필요하다고 생각했어요. 사실 처음에는 봉건제를 그대로 따르려고 했어요. 그런데 이사가 진시황제를 말렸어요.

"주나라의 봉건제를 따르면 땅을 세습받은 친족들이나 신하들의 세력은 막강해지고 왕권은 약해집니다. 나라를 망치는 봉건제를 없애야 합니다."

"네 말에 일리가 있다. 황제의 권력을 강화할 수 있도록 새로운 제도를 마련하라."

진시황제는 오랜 통치 제도인 봉건제를 폐지하고 군현제라는 새 제도를 시행했어요. 군현제는 전국을 군과 현으로 잘게 나누고, 중앙 관리를 각 군과 현에 파견해 다스리는 제도예요. 군, 현은 지금 우리나라가 쓰는 도, 군, 읍과 비슷한 행정 단위라고 할 수 있어요.

군현제를 시행해 왕이 직접 뽑은 관리를 보내 지방을 다스리니 세습이 사라지고 왕권은 막강해졌어요. 이로써 중앙에서

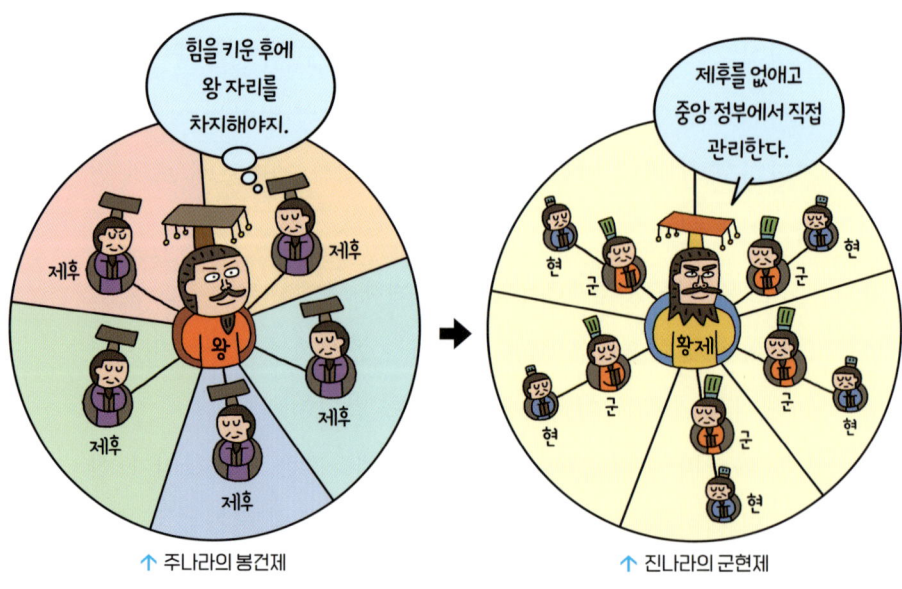

↑ 주나라의 봉건제　　　　↑ 진나라의 군현제

모든 권력을 쥐고 나라를 다스리는 중앙 집권 체제가 중국 최초로 시작되었어요. 군현제는 청나라 말까지 약 2,000년 동안 유지되었답니다. 그러나 오래도록 남은 체제와 달리 진시황제의 진나라는 알렉산드로스 제국처럼 오래가지 못했어요. 그 이야기는 다음 장소로 가서 해 볼까요?

# 3장 진나라의 혼돈과 멸망

지금 도착한 여행지는 베이징이에요. 약 800년간 중국 수도의 자리를 지켜 온 곳이지요. 시안이 진나라의 시작이었다면 베이징은 진나라의 마지막을 만날 수 있는 곳이에요.

많은 사람들이 진시황제 하면 가장 먼저 '만리장성'을 떠올려요. 만리장성은 세계에서 가장 장대한 규모의 건축물이에요. 베이징 시내에서 약 70킬로미터 떨어진 팔달령 장성에 있는데, 지구 밖에서도 보일 만큼 어마어마한 규모예요.

여러분, 만리장성의 비밀을 하나 알려 줄까요? 현재 우리가 보는 만리장성은 명나라 시대에 만들어진 성벽이에요. 진나라

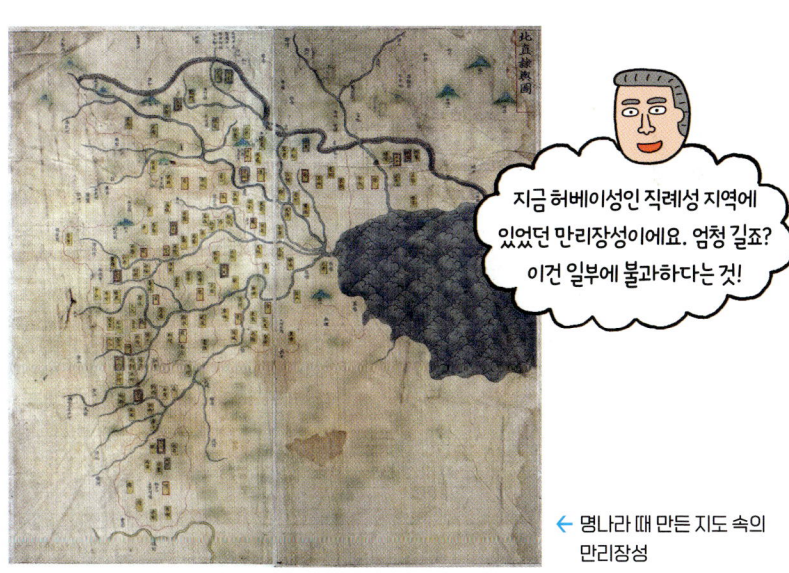

← 명나라 때 만든 지도 속의 만리장성

101

시대에 만들어졌던 만리장성은 오랜 세월 속에 사라지고 없어요.

　진시황제가 만리장성을 쌓은 까닭은 북방에 사는 흉노족*의 침입을 막기 위해서였어요. 흉노족이 강력한 기마병을 앞세워 끊임없이 진나라를 침입했거든요. 진시황제는 골머리를 앓다가 방어 전선을 만들기로 했어요.

> **흉노족**
> 4세기 말 중앙아시아와 몽골고원에서 생활하던 유목 민족을 말한다.

민심을 잃은 대규모 토목 공사

"흉노족이 넘볼 수 없도록 북쪽 국경에 약 1만 리의 긴 장성을 세워라."

기원전 220년, 드디어 대규모 토목 공사가 시작되었어요. 수십만 명의 백성들을 동원해 춘추 전국 시대에 여러 나라들이 세워 놓았던 성벽들을 서로 연결했지요. 그런데 나라를 지키기 위해 시작한 만리장성 공사는 오히려 백성들을 죽음으로 몰아넣는 계기가 되었어요.

　만리장성을 짓는 데 동원되었던 사람들은 눈보라와 비바람이 몰아쳐도 일을 멈출 수 없었어요. 잠도 길거리에서 자야 할 정도였지요. 게다가 진시황제는 만리장성을 쌓기 위해 무거운 세금까지 거두었어요. 당연히 백성들의 불만은 높아져 갔고 반란까지 일어났어요.

민심이 좋지 않은데도 진시황제는 또 다른 대공사를 감행했어요. 거대하고 화려한 궁궐인 아방궁을 지은 것이지요.

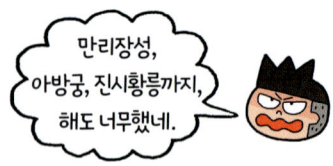
만리장성, 아방궁, 진시황릉까지, 해도 너무했네.

〈사기〉에 의하면, 아방궁의 규모는 동서로 600~800미터, 남북으로 113~150미터에 이른다고 해요. 공사에 동원된 사람만 해도 70만여 명이라고 해요. 오늘날 사치스러운 건물의 대명사로 '아방궁'을 일컫는 이유가 여기에 있답니다.

민심이 흉흉해진 상황에서 진시황제는 자신이 죽은 뒤에 묻힐 거대한 묘까지 짓기 시작했어요. 중국 땅을 처음 통일한 왕으로서 자신을 한껏 드러내고 싶었던 거예요.

과도한 토목 공사가 계속 이어지니 민심은 완전히 돌아섰고, 국가의 재정도 바닥났어요. 천하를 호령하던 진나라가 서서히 기울어져 가고 있었지요.

↑ 아방궁도

사상을 통제한 분서갱유

진시황제가 공사를 무리하게 계속하자 유생들이 나서 진시황제를 비난했어요. 그러자 재상 자리에 있던 이사가 진시황제에게 이를 가만두면 안 된다고 강하게 얘기했어요.

"폐하. 유생들이 옛 사상을 들먹이며 황제를 비난하는 말을 퍼뜨리고 있습니다. 이참에 진나라의 책이 아닌 것은 모두 불태워 버리십시오."

진시황제는 이사의 의견을 받아들여 의약, 복서˙, 농업처럼 실용적인 책만 허가하고, 다른 책들은 모두 불태워 버렸어요. 만일 명령을 어기는 사람이 있으면 얼굴에 문신을 새겨 노비로 삼는 등, 끔찍한 처벌까지 내렸지요. 그럴수록 유생들의 불만과 비판은 더욱 커졌어요. 결국 진시황제는 유생들을 탄압하기 위해 더욱 강력한 방법을 꺼내 들었어요.

> **복서**
> 점괘를 쳐 과거를 알아맞히거나, 앞날의 운수·길흉 등을 미리 판단하는 일을 말한다.

"유언비어를 퍼뜨리는 유생을 모두 잡아다 파묻어라."

이렇게 460여 명의 유생들이 잡혀 와 산 채로 구덩이에 묻혀 죽고 말았어요. 이때 진시황제의 첫째 아들 부소가 진시황제를 찾아와 말렸어요.

"유생들은 그저 공자의 뜻을 공부하고 본받고자 하는 이들인데 엄중한 형벌로만 다스리니 천하에 변란이 생길까 두렵습니다."

"감히 황명에 대드느냐? 당분간 지방으로 내려가 근신하라."

진시황제는 크게 화를 내며 아들 부소를 멀리 쫓아내 버렸어요.

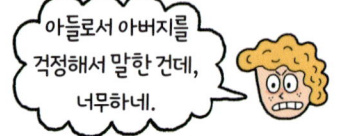
아들로서 아버지를 걱정해서 말한 건데, 너무하네.

진시황제가 책을 불태우고 학자들을 땅에 묻어 죽인 두 사건을 합쳐 '분서갱유'라고 해요. 분서갱유는 고대 중국의 문화를 파괴한 문화 말살 정책이었어요. 진시황제는 분서갱유로 왕권을 강화하기는커녕 자신의 통치 기반을 무너뜨리고 유생들로부터 더 큰 반발을 불러일으켰어요.

이때부터 진나라의 학자들은 진시황제를 폭군으로 여겼고, 백성들은 공포에 떨게 되었어요.

분서갱유를 묘사한 그림 ↑

영생을 꿈꾼 진시황제

진시황제는 원하는 것을 모두 이루었지만 걱정이 하나 있었어요.

"천하를 손에 쥐었는데 죽는다면 어찌된단 말인가."

영원한 삶을 누리고 싶었던 진시황제는 늙지도 않고, 죽지도 않는 신선이 되길 원했어요. 그때 서불이라는 제나라 출신의 도사가 상소를 올렸어요.

"저 멀리 바다 가운데에 신선이 사는 곳이 있습니다. 순수한 아이들을 데리고 가서 신선을 찾게 해 주십시오."

진시황제는 크게 기뻐하며 서불에게 3천 명의 어린아이들과 거금을 내주었어요.

"반드시 신선을 만나고, 먹으면 죽지 않는 불로초를 가져오라."

진시황제의 명을 받은 서불은 일행을 이끌고 신선이 산다는 바다 건너 동쪽으

불로초
먹으면 죽지 않는다고 하는 풀로, 신선이 사는 곳에서 자란다고 믿어 왔다.

로 향했어요. 하지만 아무리 기다려도 서불은 감감무소식이었어요. 그도 그럴 것이 빈손으로 돌아오면 죽임을 당할 게 뻔하니 멀리 숨어 버린 것이지요. 하지만 진시황제는 포기하지 않고 계속 사람을 보냈어요. 물론 돌아오는 사람은 아무도 없었지요.

　서불이 불로초를 찾아 어디로 갔는지에 대해서는 여러 이야기들이 있어요. 우리나라의 남해와 제주도 등에도 왔다는 이야기가 있지요. 중국 전설에서 신선이 산다는 세 신산인 중 하나인 영주산이 제주도의 한라산이라고 생각했거든요. 서불은 제주의 조천 포구에 도착해서 불로초를 구하러 한라산에 올랐다고 해요. 하지만 불로초를 찾을 수는 없었지요. 대신 한라산에 있는 영지버섯, 당귀 들을 캐 갔다고 해요.

　전설뿐 아니라 실제 서불의 글씨라고 전해지는 유적도 곳곳에 남아 있었어요. 서귀포 정방 폭포가 그중 하나예요. 추사 김정희가 유배 생활을 할 때 서귀포 정방 폭포의 암벽에서 '서불과차(徐市過此)'라는 글자를 발견하여 탁본했다는 이야기가 전해지고 있지요. '서불과차(徐市過此)'는 '서불이 이곳을 지나갔다.'라는 뜻이에요. 서불이 한라산에 오르기 위해 왔다가 정방 폭포에 감탄하여 글자를 새겨 놓았다고 해요.

　또 서불이 우리나라 성씨인 '서(徐)' 씨의 기원이 됐다는 말도 있어요. 제주도의 '서귀포'라는 지명도 '서불이 들렀다가 다시 서쪽으로 돌아간 포구'라는 의미로 지어졌다고 해요. 지금

서불이 지나갔다고 하는 정방 폭포 ↑

도 서귀포에 가면 서불의 흔적을 만날 수 있어요. 정방 폭포 입구에 서복 전시관도 있는데, 서복은 서불의 다른 이름이지요.

진시황제의 죽음

진시황제의 폭정이 계속되던 어느 날, 하늘에서 별똥별이 떨어졌어요. 그런데 별똥돌에 심상치 않은 글귀가 새겨져 있었어요.

'진시황제가 죽고, 땅이 나뉜다.'

진시황제의 폭정을 참다못한 누군가가 돌에 이런 글귀를 새겨 넣었던 것이지요.

소문은 진시황제의 귀에까지 들어갔어요. 진시황제는 노발대발하며 의심스러운 사람들을 잡아 심문했어요. 그러나 범인을 찾을 수 없었지요. 화가 난 진시황제는 그 지역의 백성들을 모조리 잡아 죽이고 글귀가 새겨진 돌을 태워 없애 버렸어요.

그 글귀가 예언이었을까요? 이듬해, 진시황제는 전국 시찰을 돌던 중 건강이 급격히 나빠졌어요. 진시황제는 죽는다는 말을 싫어했기 때문에 신하들은 감히 죽음이 가까웠다는 말을 하지 못했어요.

진시황제는 병세가 빠르게 악화되자 살날이 얼마 남지 않았다는 것을 스스로 깨달았어요. 분서갱유 때 황명에 반하는 말을 해 변방으로 쫓아냈던 첫째 아들 부소에게 보낼 편지를 썼지요.

'내 아들 부소야! 빨리 수도로 돌아와서 나의 장례를 지르

진시황제 →

도록 하라.'

그런데 편지를 부치기도 전에 진시황제가 그만 숨을 거두고 말았어요. 천하통일의 업적을 완성한 지 불과 11년 밖에 되지 않았던 해였지요.

신하들은 진시황제의 죽음으로 반란이 일어날까 걱정했어요. 그래서 진시황제의 죽음을 철저하게 숨겼어요. 진시황제의 시신을 가마에 둔 채 전국 시찰을 끝까지 마무리 짓고 수도로 돌아왔답니다. 여기서 마지막 퀴즈!

신하들은 진시황제의 부패한 시체 냄새를 감추기 위해 특별한 조치를 취했어요. 과연 어떤 방법이었을까요?

악취를 가리기 위해서 독한 냄새가 나는 무언가를 뿌렸을 것 같아요.

 오호라! 차연이 힌트 받고, 정답은 내가 말해야지.
교수님! 정답은 식초, 식초예요.

 강하군! 너 왜 내 답을 가로채?

 넌 정확히 뭐라고 말 안 했잖아.

 여러분, 식초는 정답이 아니니까 진정하세요.
하지만 냄새를 냄새로 덮는다는 발상은 아주 좋아요.

 저요! 썩은 냄새로 유명한 취두부를
시신 옆에 둔 거 아닐까요?

 내가 나서야겠군. 중국 역사 드라마에서 본 적 있어.
교수님, 생선을 가마에 넣어서 시신의 악취를 가렸어요.

 네, 정답이에요. 소금에 절인 생선을 수레에 실어 냄새를 헷갈리게 했어요. 이뿐 아니라 신하들은 수도에 도착할 때까지 진시황제의 죽음을 철저히 숨겼어요. 평상시와 마찬가지로 수라상도 그대로 올렸고, 황제가 했던 모든 결재도 환관이 가마 안에 앉아 대신 수행했지요. 천하의 권력을 쥐었던 황제의 마지막이 썩은 생선과 함께라니, 씁쓸하지요.

진시황제의 죽음 후 한 가지 문제가 생겼어요. 진시황제의 대를 이어 왕위에 오를 후계자가 결정되지 않았던 것이지요.

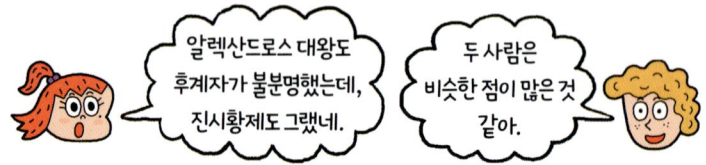

진시황제의 최측근이었던 환관 조고˙는 똑똑한 부소가 왕위에 오르면 신하들의 힘이 약해질 거라고 생각했어요. 곧바로 이사와 함께 진시황제의 죽음을 숨기고 유서를 조작했어요. 뿐만 아니라 부소가 스스로 목숨을 끊게 만든 후, 자신들이 수월하게

> **조고**
> 중국 진나라의 환관, 승상으로, 간신배로 유명하다. 황제를 농락하여 권세를 마음대로 하여 지록위마(指鹿爲馬)라는 고사성어가 생겼다.

← 병마용갱에서 발굴된 마차

조종하기 위해 진시황제의 어리고 무능했던 막내아들 호해를 왕위에 올렸어요. 조작된 유서에 따라 호해가 진나라 2대 황제로 등극하자, 조고는 태도를 바꿨어요. 유서 조작을 같이했던 이사를 제거하기 위해 호해에게 이사가 역모를 꾸미고 있다고 거짓 모함을 했어요. 이사는 죽임을 당했고, 조고는 승상의 자리에 올랐지요. 조고는 호해를 꼭두각시처럼 부리며 권력을 마음껏 썼어요. 그 결과 진나라는 어떻게 됐을까요?

조고와 탐관오리들의 부정부패로 나라는 어지러워지고 백성의 삶은 점점 피폐해졌지요. 불만이 쌓인 백성들은 전국 곳곳에서 반란을 일으켰어요. 멸망했던 초나라와 한나라도 정통성을 앞세우며 진나라를 공격해 왔고요.

결국 조고는 죽임을 당했고 진나라의 3대 황제가 초나라 출신의 항우에게 항복하면서 진나라는 멸망하고 말았어요. 기원전 206년, 진시황제가 천하통일을 한 지 15년, 진시황제가 세상을 떠난 지 4년 만의 일이었답니다.

"다들 재밌게 들었다니, 무척 뿌듯하네요. 중국의 진시황제와 그리스의 알렉산드로스 대왕은 **통일 제국**을 세웠다는 점에서 매우 비슷해요. 오신화 교수님, 그렇죠?"

나황제 교수님이 홀로그램 장치의 재생 버튼을 끄며 오신화 교수님에게 말을 걸었어요.

"네. 그것 말고도 두 사람은 닮은 점이 많아요. 알렉산드로스 대왕이나 진시황제 모두 다른 민족들을 기꺼이 **포용**했어요. 알렉산드로스 대왕은 페르시아의 문화와 풍습을 적극 받아들였고, 진시황제는 신분과 출신을 따지지 않고 다른 나라의 인재들을 등용했지요. 이런 점들에 대해 교수님과 나중에 이야기를 서로 나누면 재밌을 것 같다는 생각도 들었고요."

"네, 제가 하고 싶었던 말이에요!"

"교수님, 저도요! 두 분 만나실 때, 뭘 드시는지 궁금하거든요. **그리스 음식**일까요, **중국 음식**일까요?"

왕봉구의 말에 두 교수님 모두 웃음이 터졌어요.

"우리끼리만 얘기해서 미안해요. 여러분은 어땠나요? 진시황제와 알렉산드로스 대왕, 두 사람은 또 어떤 점이 비슷할까요?"

"둘 다 후계자를 만들지 못하고 먼저 죽었잖아요. 그 뒤로 나라가 혼란해져서 제국이 유지되지 못했어요. 전 이길 보면서 한 나라를 만들거나 통일하기도 어렵지만 그것을 유지하는 일은 더 어렵고 중요하단 걸 깨닫게 됐어요."

강하군이 손을 번쩍 들고 말했어요. 그러자 니코스가 강하군을 기특하다는 듯 보며 말을 덧붙였어요.

"강하군, 너 이제 레벨 업 금방 하겠는걸. 역사를 통해 이런 깨달음을 새롭게 얻었잖아. 나야 원래부터 역사에 푹 빠져 있으니 항상 깨달음을 많이 얻지만 말이야."

"교수님, 다음엔 **축구로 유명한 나라**에 가 보고 싶어요. 특히 이탈리아 같은 곳이요."

공차연이 축구공을 손가락으로 빙 돌리며 말했어요.

"역시 축구 소녀답군요. 다음에도 재미있고 흥미진진한 세계사 여행이 기다리고 있을 거예요. 그러니 한껏 기대해도 좋아요. 자, 다음 벌거벗은 세계사 여행을 기약하며 히스토리 에어라인에서 또 만나요! 안녕!"

알렉산드로스 대왕과 진시황제는
통일 제국을 이루었지만
오랫동안 유지하지 못했어요.
두 제국과 달리 몇 천 년 동안 지중해 패권을 차지하고
'천년의 제국'이라고 불렸던 제국이 있었어요.
오늘날 서양의 정치, 문화, 종교
그 어떤 것도
이 제국의 영향에서 벗어날 수 없어요.
그곳은 과연 어디일까요?

벌거벗은 세계사 2권에서 만나 봐요!

분열과 혼란을 끝낸 통일 제국의 시대

알렉산드로스 대왕과 진시황제가 활약한 시대는
약 100년의 차이가 있지만, 시대적 배경은 비슷해요.
고대 그리스도, 고대 중국도 분열과 혼란을 겪고 있었다는 거예요.
두 인물이 활약했던 시대를 살펴볼까요?

혼란했던 고대 그리스 시대

알렉산드로스 대왕이 태어났을 당시 그리스는 아주 혼란스러웠어요. 강대국 페르시아에 맞섰던 두 폴리스, 아테네와 스파르타가 폴리스 최고 자리를 두고 펠로폰네소스 전쟁을 벌였어요. 무려 27년 동안이요. 결국 스파르타가 승리를 거뒀지만, 스파르타는 그리스 폴리스들을 효율적으로 지배하지 못했어요.

그리스가 혼란에 빠지자 페르시아는 또 호시탐탐 그리스를 넘봤어요. 이때 페르시아를 견제하기 위해 그리스를 통합해야 한다며 앞장선 사람이 바로 마케도니아의 필리포스 2세, 알렉산드로스 대왕

스파르타와의 전쟁을 앞두고 아테네 시민들 앞에서 "우리 아테네는 헬라스의 모범이다."라고 연설하는 페리클레스

의 아버지였어요. 필리포스 2세는 마케도니아 왕권을 강화하고 막강한 군사력을 바탕으로 그리스 통합을 조금씩 이루어 나갔어요. 이 시기에 알렉산드로스 대왕이 태어났답니다.

분열이 끊이지 않던 춘추 전국 시대

진시황제가 활동한 시대를 춘추 전국 시대라고 해요. 춘추 전국 시대는 춘추 시대와 전국 시대로 나뉘는데, 약 550년간 여러 나라들이 분열과 혼란을 거듭했어요. 춘추 시대는 기원전 8세기에 시작됐는데, 주, 진, 제, 초, 월, 오 나라가 서로 경쟁하다가 진나라가 한, 위, 조 세 나라로 쪼개지면서 일곱 개 나라가 됐어요. 이때부터를 전국 시대라고 해요.

전국 시대에는 사회 질서를 안정시키기 위해 다양한 사상가와 학파들이 등장했어요. 이를 제자백가라고 하는데 유가, 묵가, 도가, 법가 등이 대표적이에요. 유가는 '인'과 '예'를 바탕으로 하는 도덕 정치를, 묵가는 차별 없는 사랑을, 도가는 자연의 순리에 따를 것을 주장했어요. 진시황제가 따랐던 법가는 엄격한 법에 따른 정치를 강조했어요.

제자백가의 주장은 이후 중국의 학문과 사상의 바탕이 되었을 뿐만 아니라 동아시아의 정치와 문화에도 큰 영향을 주었답니다.

위대한 대왕,
위대한 황제의 뒷모습

알렉산드로스 대왕은 유럽, 아시아, 아프리카에 걸친 통일 제국을 건설했고 진시황제는 중국을 최초로 통일해 이어지는 중국 왕조들의 기틀을 닦았어요. 두 인물 모두 위대한 업적을 쌓았지만, 다른 평가도 있어요.
어떤 평가인지 살펴볼까요?

알렉산드로스 대왕은 정복욕에 눈이 먼 광인?

알렉산드로스 대왕이 세운 대제국에서 '세계 시민'이라는 '코스모폴리스'라는 개념이 처음 만들어졌어요. 우리가 지금 살아가는 '세계화' 시대의 원형을 알렉산드로스 대왕이 만든 거예요.

알렉산드로스 대왕은 위대하고 훌륭한 정복자라는 평가가 많지만 한편에서는 정복욕에 눈이 먼 광기 어린 사람이라고 평가하기도 해요. 과연 어떤 평가가 맞을까요?

알렉산드로스 대왕에 대해 평가하려면 유의해야 할 점이 있어요. 첫째는 그에 관한 기록 가운데 무엇이 사실이고, 무엇이 전설인지 잘 가려내 진실에 가까이 다가가는 일이에요. 둘째는 사실적인 기록이라고 해도

이스탄불 고고학 박물관에 있는
알렉산드로스 대왕 조각상

기록한 사람의 편견과 평가에 의한 해석일 수 있음을 알아야 해요. 이 책과 더불어 기록을 살펴본 뒤, 여러분도 알렉산드로스 대왕에 대해 자기만의 평가를 한번 내려 보세요.

진시황제는 잔인한 폭군인가?

근대까지는 유교의 영향력이 커서 진시황제를 부정적으로 평가했어요. 가혹한 형벌을 도입했고, 대규모 토목 공사를 했으며, '분서갱유' 사건을 벌였던 폭군이라 했지요.

현대에 와서 유교의 영향력이 작아지고, 병마용갱이 발굴되면서 진시황제에 대한 평가는 달라졌어요. 진시황제의 진취적이고 개적적인 면을 부각하고, 중국 통일 후 도량형, 군현제 등을 도입해 2,000년 중국 왕조의 기틀을 닦았다며 긍정적으로 평가하지요.

진시황제가 통일한 제국을 중화 제국이라고도 부르는데, 영어로 'Imperial China'라고 해요. 서양 사람들은 진나라부터 마지막 왕조인 청나라까지 나라의 이름은 달라도 기본적인 틀은 같은 하나의 왕조라고 생각해요. 한마디로 진시황이 만든 정치 체제가 2,000년을 관통하고 있는 거예요.

평가는 엇갈리지만 진시황제가 중국 역사에 큰 업적과 영향을 미친 인물이라는 건 변함없는 사실이랍니다.

중국 시안에 있는 진시황제 동상 →

제국을 함께 열고, 제국 이후를 이어간 인물들

통일 제국의 역사는 어느 한 사람의 힘으로 이뤄지지 않아요.
알렉산드로스 대왕과 진시황제에게는 자신들의 뜻을 이어 가고,
역사를 기록해 주는 사람들이 있었지요.
알렉산드로스 대왕, 진시황제와 함께한 사람들을 만나 보세요.

↑ 고대 그리스의 은화에 새겨진 프톨레마이오스 1세

헬레니즘 왕조를 연 프톨레마이오스 1세
(기원전 367년 ~ 기원전 283년)

알렉산드로스 대왕의 어릴 적 친구로 아리스토텔레스로부터 함께 교육을 받았어요. 동방 원정에서 맹활약을 했고, 알렉산드로스 대왕이 죽자 이집트에서 프톨레마이오스 왕조를 세웠어요. 이집트 알렉산드리아를 문화와 학문의 중심지로 만들기 위해 전폭적인 지원을 했어요.

알렉산드로스 대왕의 특별한 친구, 헤파이스티온
(기원전 356년경 ~ 기원전 324년)

소년 시절부터 알렉산드로스 대왕과 같이 자라며 모든 비밀을 공유한 친구예요. 동방 원정이 시작되자 참모가 돼 알렉산드로스 대왕의 곁을 지켰어요. 아리

헤파이스티온 →

스토텔레스가 알렉산드로스 대왕과 헤파이스티온을 보고 '하나의 마음이 두 개로 갈라져 있다.'고 말할 정도로, 두 사람은 절친했어요.

진시황제의 천하 통일 일등 공신, 이사
(기원전 ? ~ 기원전 208년)

원래 초나라에서 문서를 관리하던 말단 관리였어요. 자신의 재능을 펼치기 위해 진나라로 왔고, 진시황제의 신임을 얻었어요. 중국 통일에 큰 공을 세우고, 군현제, 도량형 등의 나라를 다스리는 기반 체제를 마련했어요. 진시황제가 죽은 뒤, 조고와 함께 유서를 조작하며 야비한 일을 벌였다가 조고의 모함으로 처형되었어요.

↑ 이사

진시황제의 시대를 기록한 역사가, 사마천
(기원전 145년경 ~ 기원전 86년경)

← 사마천

중국의 고대 왕조인 한나라 무제 때 살던 역사가예요. 역사책을 쓰기 위해 수많은 자료와 책을 읽고 연구했어요. 이렇게 탄생한 책이 바로 〈사기〉예요. 〈사기〉는 전설 속의 황제시대부터 한나라 무제 때까지 3,000년 역사를 기록했는데, 그중에 진시황제를 다룬 〈진시황본기〉가 있어요.

History Airline
역사 정보 ❹ 오늘날의 역사

그리스, 중국의 오늘과 우리나라와의 관계

그리스는 서양 문명의 발상지, 중국은 동양 문명의 발상지예요. 두 나라는 동서양 문화의 원형이자 뿌리로, 서로 다르게 발전해 왔어요. 두 나라가 어떤 나라인지 살펴보고, 우리나라와는 어떤 관계를 맺고 있는지 알아보세요.

그리스

그리스는 유럽 남동부 발칸반도에 위치한 나라예요. 국토 면적은 한반도의 3분의 2 정도에 불과한 작은 나라이지만 서양 문명의 발상지로 전 세계에 많은 영향을 미쳤어요. 전 세계에서 널리 사용하는 알파벳과 단어는 대부분 고대 그리스어에서 비롯되었고, 고대 그리스의 민주주의와 예술, 철학 등은 서양의 사고와 문화를 이루는 기초가 되었지요. 그리스 신화에 등장하는 제우스를 위해 치러진 올림피아 경기는 올림픽 대회의 밑바탕이 되었어요. 우리나라와 그리스는 큰 상관이 없는 나라라고 생각할 수 있지만, 한국 전쟁 당시 1만여 명의 군인을 파병해 준 나라이고, 전쟁 후 우리나라가 어려

↓ 그리스 크레타섬

웠던 시절 우리 선박을 최초로 사 준 나라이기도 해요. 지금까지도 우리나라에서 만든 조선의 가장 큰 고객은 그리스라고 해요. 이처럼 그리스와 우리나라와는 깊고도 특별한 인연으로 맺어진 관계랍니다.

중국

각기 다른 역사와 문화, 전통을 지녔던 나라들은 진시황제의 통일로 하나의 나라가 되었어요. 하지만 진나라가 멸망한 뒤로 수백 년에 걸쳐 여러 나라로 분열되었다가 통일되기를 반복했지요. 그러다 1949년 중국 공산당이 중화인민공화국을 세우면서 다시 하나로 통일됐어요.

오늘날 중국은 사회주의 국가이지만 개인의 재산을 상당 부분 인정해 주면서 놀라운 경제 발전을 했어요. 세계에서 가장 많은 인구와 네 번째로 넓은 땅, 다양한 천연자원을 통해 빠르게 성장을 거듭해 현재는 미국에 이어 세계 2위의 경제 대국이 되었지요.

우리나라는 중국과 지리적으로 매우 가까워 역사, 문화, 정치학적으로 많은 영향을 주고받았어요. 앞으로도 중국과의 관계를 잘 유지하기 위해서 중국의 역사를 아는 것은 매우 중요하답니다.

중국 자금성 ↓

History Airline
주제 마인드맵

왕 중의 왕이 나라를 다스리는 방법

분열과 혼란을 끝내고 통일 제국을 이룬 알렉산드로스 대왕과 진시황제는 어떻게 거대한 나라를 다스렸을까요? 알렉산드로스 대왕과 진시황제는 포용과 융합이라는 점에서 비슷한 정책을 펼쳤어요. 두 나라의 통치 정책을 살펴보아요.

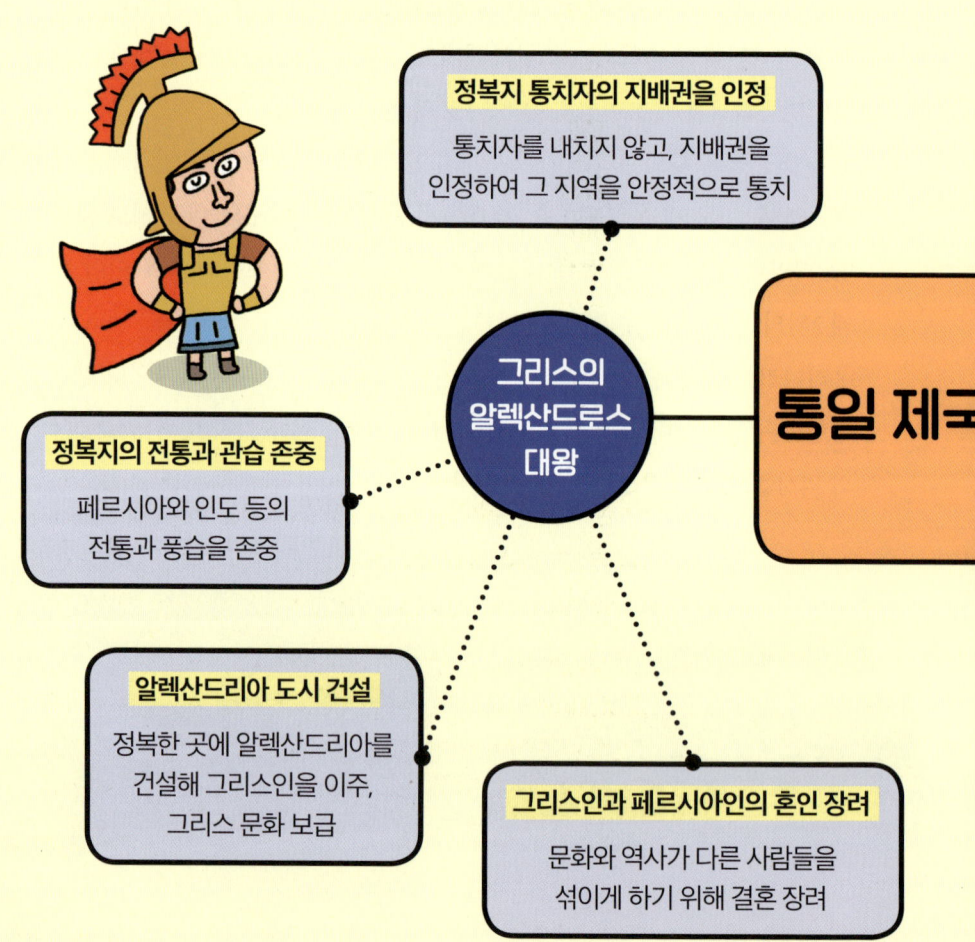

그리스의 알렉산드로스 대왕 → **통일 제국**

- **정복지 통치자의 지배권 인정**: 통치자를 내치지 않고, 지배권을 인정하여 그 지역을 안정적으로 통치
- **정복지의 전통과 관습 존중**: 페르시아와 인도 등의 전통과 풍습을 존중
- **알렉산드리아 도시 건설**: 정복한 곳에 알렉산드리아를 건설해 그리스인을 이주, 그리스 문화 보급
- **그리스인과 페르시아인의 혼인 장려**: 문화와 역사가 다른 사람들을 섞이게 하기 위해 결혼 장려

History information

탄생 — **중국의 진시황제**

- **군현제 실시**
  전국을 36개 군으로 나누어 황제가 직접 관리를 파견 및 통치

- **수도와 지방을 잇는 도로망 건설**
  수도와 전국 각지를 연결하는 도로를 만들어 중앙 집권 체제를 강화

- **화폐, 도량형, 문자 통일**
  일곱 나라가 서로 다르게 사용했던 문물을 통일

- **사상 통일**
  분서갱유를 단행하여 법가 이외의 사상을 탄압, 사상 통일 도모

벌거벗은 세계사 퀴즈 그리스 편

1 알렉산드로스 대왕의 어릴 적 스승으로, 알렉산드로스 대왕이 그리스 문화를 사랑하고 세계에 전파하는 데 영향을 준 고대 그리스 철학자는 누구일까요? ( )

① 소크라테스

② 플라톤

③ 아리스토텔레스

2 알렉산드로스 대왕이 건설한 제국에서는 서양과 동양의 문화가 서로 영향을 주고받으며 새로운 문화가 탄생했어요. 다음 퍼즐에서 가로, 세로, 대각선을 살펴 이 문화를 일컫는 말을 찾아 ○ 하고, 빈칸을 채워 보세요.

헬	로	우	알
자	레	알	고
유	알	니	리
론	시	스	즘

☐ ☐

3 다음은 헬레니즘 시대를 대표하는 예술 작품인 〈라오콘 군상〉이에요. 작품에 대해 잘못 말한 것을 골라 보세요. (　　)

① 인간의 감정을 극대화하여 일그러진 얼굴 표정으로 표현했어요.

② 고통받은 모습을 뒤틀린 몸 동작을 통해 역동적으로 표현했어요.

③ 고대 그리스 작품이 많은 프랑스 루브르 박물관에 전시되어 있어요.

4 헬레니즘 시대에는 수학과 과학이 무척 발달했어요. 다음 중에서 헬레니즘 시대에 활동했던 과학자를 골라 ○ 해 보세요.

아르키메데스　　탈레스　　엠페도클레스

갈릴레오 갈릴레이　　에라시스트라토스

코페르니쿠스　　에라토스테네스　　아이작 뉴턴

히포크라테스　　헤라클레이토스

데모크리토스　　아리스타르코스　　멘델레예프

벌거벗은 세계사 퀴즈 중국 편

1 다음 진시황제에 관한 설명을 읽고, 맞는 설명에 ○, 틀린 설명에 × 해 보세요.

① 전국 시대에 최초로 중국을 통일했다. ( )

② 글자, 화폐, 도량형 등을 통일했다. ( )

③ 세계 정복을 위한 전쟁을 벌였다. ( )

④ 서불에게 불로초를 가져오라고 명령했다. ( )

2 다음은 제자백가의 대표적인 사상가예요. 두 사상가가 했던 주장을 알맞게 연결해 보세요.

History Quiz

 다음 중 진시황제와 관계없는 문화유산을 찾아보세요.　　（　　）

① 병마용갱

② 만리장성

③ 진시황릉

④ 천안문

 진시황제의 천하통일 후, 진나라는 서서히 기울어져 갔어요. 진시황제의 폭정과 진나라의 멸망과 관계있는 두 낱말을 다음 초성을 보고 알아맞혀 보세요.

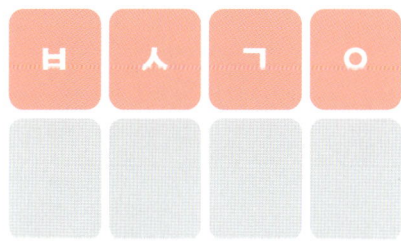

힌트 진시황제가 사상을 통제하기 위해서 책을 불태우고 학자들을 땅에 묻어 죽인 사건을 이르는 말

힌트 진시황제가 지은 궁전으로, 지나치게 크고 화려한 집을 빗대는 말

벌거벗은 세계사 퀴즈 정답

그리스편

1
✓⑤ 아리스토텔레스

2 헬로우알 / 자레알고 / 유알니리 / 론시스즘
(대각선: 헬레니즘)

3 ✓⑤ 고대 그리스 작품이 많은 프랑스 루브르 박물관에 전시되어 있어요.

4 아르키메데스   에라시스트라토스
에라토스테네스   아리스타르코스

중국편

1 ① (〇)   ② (〇)
③ (✕)   ④ (〇)

2 공자 — 법가
한비자 — 유가
(공자—유가, 한비자—법가로 교차 연결)

3
✓④ 천안문

4 분 서 갱 유
아 방 궁

사진 출처

20쪽 그리스 마케도니아주의 주도 테살로니키_위키미디어 | **24쪽** 알렉산드로스 대왕 조각상_위키미디어 | **26쪽** 도메니코 마리아 카누티 〈알렉산드로스와 부케팔로스〉, 개인 소장_위키미디어 | **27쪽** 아리스토텔레스 두상, 프랑스 루브르 박물관_위키미디어 | **34쪽** 튀르키예 이스탄불에 있는 성 소피아 대성당_위키미디어 | **37쪽** 〈다리우스와 알렉산드로스의 전투〉, 이탈리아 나폴리 국립 고고학 박물관_위키미디어 | **42쪽** 가우가멜라 전투를 묘사한 부조, 스페인 국립 고고학 박물관_위키미디어 | **45쪽** 프란체스코 폰테바소 〈히다스페스 전투에서 포로스의 항복을 받아들이는 알렉산드로스〉_위키미디어 | **47쪽** 샤를 르브룅 〈알렉산드로스 대왕의 바빌론 입성〉, 프랑스 루브르 박물관_위키미디어 / 복원한 알렉산드로스 석관, 튀르키예 이스탄불 고고학 박물관_위키미디어 | **49쪽** 리사마쿠스 두상, 튀르키예 에페소스 고고학 박물관_위키미디어 / 카산드로스 은화_위키미디어 / 안티고노스 두상_위키미디어 / 셀레우코스 1세 두상, 프랑스 루브르 박물관_위키미디어 / 프톨레마이오스 1세 두상, 프랑스 루브르 박물관_위키미디어 | **50쪽** 이집트 알렉산드리아_게티 이미지 뱅크 | **51쪽** 이집트 알렉산드리아_게티 이미지 뱅크 | **54쪽** 알렉산드리아 도서관 내부_위키미디어 / 빈첸초 카무치니 〈알렉산드리아 도서관의 프톨레마이오스 2세〉, 이탈리아 국립 카포디몬테 미술관_위키미디어 / 기원전 알렉산드리아 도서관 내부_위키미디어 | **57쪽** 튀르키예 시노프에 있는 디오게네스 동상_위키미디어 | **59쪽** 제논 흉상_위키미디어 / 에피쿠로스 흉상_위키미디어 | **60쪽** 그리스 파르테논 신전_게티 이미지 뱅크 | **62쪽** 〈라오콘 군상〉, 이탈리아 바티칸 미술관_위키미디어 | **63쪽** 〈밀로의 비너스〉, 프랑스 루브르 박물관_위키미디어 | **64쪽** 간다라 불상인 〈미륵보살 입상〉, 미국 뉴욕 메크로폴리탄 미술관_위키미디어 / 경주 석굴암 본존불_문화재청 | **66쪽** 아르키메데스 초상화, 미국 뉴욕 메트로폴리탄 미술관_위키미디어 / 윌리엄 윈 라일런드 〈안티오쿠스와 스타라토니케〉_위키미디어 | **70쪽** 중국 시안_게티 이미지 뱅크 | **72쪽** 사마천 초상화_위키미디어 | **73쪽** 진시황릉_위키미디어 | **74쪽** 병마용갱 1호갱_위키미디어 | **84쪽** 병마용갱 병사상_위키미디어 | **92쪽** 왕전 초상화_위키미디어 | **95쪽** 반량전_위키미디어 | **100쪽** 중국 만리장성_위키미디어 | **101쪽** 〈대명여지도〉_위키미디어 | **104쪽** 원요 〈아방궁도〉_위키미디어 | **106쪽** 분서갱유를 묘사한 그림_위키미디어 | **110쪽** 제주도 서귀포의 정방폭포_Pixabay | **111쪽** 진시황제_위키미디어 | **114쪽** 병마용갱 마차상_위키미디어 | **116쪽** 중국 만리장성_게티 이미지 뱅크 | **119쪽** 이탈리아 로마 카이사르 포룸_위키미디어 | **120쪽** 필립 폰 폴츠 〈추도사를 하는 페리클레스〉_위키미디어 | **122쪽** 〈알렉산드로스 대왕 조각상〉, 튀르키예 이스탄불 고고학 박물관_위키미디어 | **123쪽** 진시황제 동상_플리커 | **124쪽** 프톨레마이오스 1세가 새겨진 고대 그리스 은화, 프랑스 루브르 박물관_위키미디어 / 헤파이스티온 조각상, 그리스 아테네 국립 고고학 박물관_위키미디어 | **125쪽** 이사_위키미디어 / 사마천 초상화_위키미디어 | **126쪽** 그리스 그레디 섬_PxHere | **127쪽** 중국 자금성_위키미디어 | **130쪽** 소크라테스 두상, 프랑스 루브르 박물관_위키미디어 / 플라톤 두상, 이탈리아 카피톨리니 박물관_위키미디어 / 아리스토텔레스 두상, 프랑스 루브르 박물관_위키미디어 | **131쪽** 〈라오콘 군상〉, 이탈리아 바티칸 미술관_위키미디어 | **133쪽** 중국 병마용갱_PxHere / 중국 만리장성_위키미디어 / 중국 진시황릉_위키미디어 / 중국 천안문_위키미디어

벌거벗은 세계사

❶ 알렉산드로스 대왕과 진시황제의 통일 제국

기획 tvN 〈벌거벗은 세계사〉 제작진 | 글 이현희 | 그림 신동민 | 감수 김헌·조관희

1판 1쇄 발행 | 2022년 6월 14일
1판 12쇄 발행 | 2025년 10월 1일

펴낸이 | 김영곤
프로젝트1팀장 | 이명선
기획개발 | 채현지 김현정 권정화 우경진 오지애 최지현 서세원
영업팀 | 정지은 한충희 남정한 장철용 강경남 황성진 김도연 이민재
디자인 | 윤수경 **구성** | 김익선 **제작팀** | 이영민 권경민

펴낸곳 | (주)북이십일 아울북
등록번호 | 제406-2003-061호 **등록일자** | 2000년 5월 6일
주소 | 경기도 파주시 회동길 201(문발동) (우 10881)
전화 | 031-955-2145(기획개발), 031-955-2100(마케팅·영업·독자문의)
브랜드 사업 문의 | license21@book21.co.kr
팩시밀리 | 031-955-2177
홈페이지 | www.book21.com

ISBN | 978-89-509-0083-0
ISBN | 978-89-509-0082-3(세트)

Copyright©2022 Book21 아울북 · CJ ENM. ALL RIGHTS RESERVED.
이 책을 무단 복사·복제·전재하는 것은 저작권법에 저촉됩니다.

* 잘못 만들어진 책은 구입하신 서점에서 교환해 드립니다.
* 가격은 책 뒤표지에 있습니다.

⚠ **주의** 1. 책 모서리가 날카로워 다칠 수 있으니 사람을 향해 던지거나 떨어뜨리지 마십시오.
2. 보관 시 직사광선이나 습기 찬 곳을 피해 주십시오.

다양한 SNS 채널에서 아울북과 을파소의 더 많은 이야기를 만나세요.

인스타그램
@owlbook21

페이스북
@owlbook21

유튜브
@아울북&을파소

• 제조자명 : (주)북이십일
• 주소 및 전화번호 : 경기도 파주시 회동길 201(문발동)/031-955-2100
• 제조연월 : 2025.10.01
• 제조국명 : 대한민국
• 사용연령 : 3세 이상 어린이 제품

• **일러두기** 이 책에 나오는 지명과 인명은 《표준국어대사전》을 따라 표기하였고,
규범 표기가 미확정일 경우 감수자의 자문을 거쳐 학계의 표기를 따랐습니다.

벌거벗은 한국사 퀴즈

비교하면 더 잘 보이는 역사!

서로 다른 시대, 다른 나라의 사건이라도
놀랍게 닮은 장면이 숨어 있을지도 몰라요.
세계사와 한국사의 퀴즈를 풀며 새로운 연결점을 찾아보세요!

 다음 빈칸에 공통으로 들어갈 알맞은 사상은? [ ]

> 조선은 ▨▨▨▨ 정치 이념을 내세우며
> 세운 나라로 백성을 나라의 근본으로 삼았습니다.
> 이런 생각을 담아 궁궐과 도성의 사대문에
> 각각 ▨▨▨▨ 에서 강조하는 덕목으로
> 이름을 붙였습니다.

① 도교 ② 유교 ③ 불교 ④ 기독교

 다음 역사 인물 카드의 빈칸에 들어갈 내용으로 맞는 것은? [ ]

> **태조 이성계**
> · 별명: 신궁
> · ▨▨▨▨ 으로 왜구 격퇴
> · 위화도 회군으로 권력을 장악
> · 조선을 건국함

① 홍건적의 난 ② 왕자의 난 ③ 진포 대첩 ④ 황산 대첩